essentials

Springer Essentials sind innovative Bücher, die das Wissen von Springer DE in kompaktester Form anhand kleiner, komprimierter Wissensbausteine zur Darstellung bringen. Damit sind sie besonders für die Nutzung auf modernen Tablet-PCs und eBook-Readern geeignet. In der Reihe erscheinen sowohl Originalarbeiten wie auch aktualisierte und hinsichtlich der Textmenge genauestens konzentrierte Bearbeitungen von Texten, die in maßgeblichen, allerdings auch wesentlich umfangreicheren Werken des Springer Verlags an anderer Stelle erscheinen. Die Leser bekommen „self-contained knowledge" in destillierter Form: Die Essenz dessen, worauf es als „State-of-the-Art" in der Praxis und/oder aktueller Fachdiskussion ankommt.

Paul Kellermann

Soziologie des Geldes

Grundlegende und zeithistorische Einsichten

 Springer VS

Univ.-Prof. (em.) Dr. Paul Kellermann
Alpen-Adria-Universität Klagenfurt
Österreich

ISSN 2197-6708 ISSN 2197-6716 (electronoic)
ISBN 978-3-658-04756-6 ISBN 978-3-658-04757-3 (eBook)
DOI 10.1007/978-3-658-04757-3

Die Deutsche Nationalbibliothek verzeichnet diese Publikation in der Deutschen National-
bibliografie; detaillierte bibliografische Daten sind im Internet über http://dnb.d-nb.de ab-
rufbar.

Springer VS
© Springer Fachmedien Wiesbaden 2014

Gedruckt auf säurefreiem und chlorfrei gebleichtem Papier

Springer VS ist eine Marke von Springer DE. Springer DE ist Teil der Fachverlagsgruppe
Springer Science+Business Media
www.springer-vs.de

Vorwort

In erster Auflage erschien das „Handbuch der Wirtschaftssoziologie" 2008. Es wurde von Andrea Maurer herausgegeben. In ihm sind jeweils mehrere Beiträge zu den Bereichen „Klassische Grundlagen", „Theoretische Zugänge", „Wirtschaft in gesellschaftstheoretischer Perspektive" und „Kerninstitutionen des modernen Wirtschaftssystems" zu finden. Als solche „Kerninstitutionen" der modernen Wirtschaftswelt werden neben Märkten, Unternehmen, Lohnarbeit, Technik und Innovation auch Finanzmärkte und Geld verstanden. In dieser Welt spielt Geld die Rolle der gemeinsamen Basis, weil es Funktionen eines breiten Spektrums abdeckt: quantitativer Wertvergleich qualitativ unterschiedlicher Güter und Dienstleistungen; Ver- und Ankauf von Waren durch Bezahlen; örtliches und zeitliches Übertragen von Zahlungen für Leistungen; Organisieren von Produktionsfaktoren; Motivieren zu besonderen Anstrengungen und vieles mehr. Dieser Vielfältigkeit der Möglichkeiten, Geld zu nutzen, entspricht die gesellschaftliche Bedeutung der „Soziologie des Geldes".

Inhaltsverzeichnis

Vorwort

> *Die Schwierigkeit liegt nicht so sehr in den neuen*
> *Gedanken, als in der Befreiung von den alten, die sich bei*
> *allen, die so erzogen wurden, wie die meisten von uns, bis in*
> *die letzten Winkel ihrer Geistesart verzweigen.*
> *J. M. Keynes*

Geld ist faszinierend. Für die meisten Menschen gilt dies wegen der Kaufkraft, wegen der Erwartung, alles Gewünschte damit erreichen zu können, und auch wegen der Macht, die Geld zugeschrieben wird: „Geld regiert die Welt!" Doch das, was mit Geld vermeintlich oder wirklich anzufangen ist, interessiert soziologisch weniger; viel eher das, wie Menschen in ihrer Orientierung an Geld handeln. Denn sozialwissenschaftlich geht es um Beschreibung, Analyse und Erklärung des menschlichen Handelns in Wechselbeziehung mit gesellschaftlichen Umständen. Allerdings wurde „Geld" als Thema für einen eigenen Artikel in Büchern über soziologische Grund- oder Hauptbegriffe gar nicht bzw. angesichts der gesellschaftlichen Bedeutung von Geld bis vor kurzem nur unangemessen behandelt. Christoph Deutschmann hatte wohl auch deshalb resümiert: „Die Aufmerksamkeit, die das Thema Geld in der Poesie immer genossen hat, hat in der Wissenschaft freilich bis heute nur wenig Widerhall gefunden." (Deutschmann 2002, S. 7) Das war ein Manko, weil eine besondere Aufmerksamkeit gegenüber der allgemeinen Orientierung an Geld zumindest in den so genannten postindustriellen oder „Überflussgesellschaften" einen wachsenden Anteil des Handelns der Menschen zutreffend zu erfassen, zu untersuchen und zu interpretieren ermöglicht. Deutschmann war fortgefahren: „Auch der ‚Kollege von nebenan', nämlich der Ökonom, weiß zum Geld nicht allzu viel zu sagen." (ebd.) Das hat sich allerdings nach der großen Finanzkrise ab 2008 verändert: Seither wurde sehr viel zu „Geld" – auch soziologisch – gesagt und geschrieben (Kellermann 2013).

Eine plausible sozialwissenschaftliche Grundlage für geldsoziologische Beobachtungen bietet eine allgemeine Handlungstheorie. Nach dieser kommt den

P. Kellermann, *Soziologie des Geldes*, essentials,
DOI 10.1007/978-3-658-04757-3_1, © Springer Fachmedien Wiesbaden 2014

Handlungsorientierungen – das sind hier mehr oder weniger unbewusste Vorstellungen über Geld (Kellermann 2005, S. 115 ff.) – im Rahmen der jeweils gegebenen Handlungssituation besondere Bedeutung zu. Dementsprechend konzentriert sich die folgende Darstellung auf die erlernten Ansichten über Geld, entsprechende Überzeugungen und Motive sowie auf für selbstverständlich gehaltene Annahmen. Möglicherweise verhindern gerade diese Selbstverständlichkeit und die heutige Alltäglichkeit sowie die Ubiquität von Geld eine distanziert-kritische Aufmerksamkeit gegenüber geldbezogenem Denken und Handeln. Erst in Zeiten der Not, in denen für Geld nicht allzu viel zu erhalten ist, wird möglicherweise die wahre oder grundlegende Bedeutung von Geld erkannt: Es ist Zahlungsmittel und als solches nur zu gebrauchen, wenn Leistungen (Güter und Dienste) oder Werte als Waren zum Kauf angeboten werden.

Die Vorstellungen von Geld, seiner Anwendung und auch die sich daraus ergebenden gesellschaftlichen Folgen waren in der geschichtlichen Entwicklung sehr variabel. Diese sind sozialwissenschaftlich nur mehr insoweit von Bedeutung, als sie in modernen Geldgesellschaften zur Mystifizierung von Geld („Mysterium Geld")[1] beitrugen. Davon lassen sich die heutigen Funktionen von Geld unterscheiden. Dennoch sei zunächst ein kurzer Abriss der Geschichte des Geldes vorausgeschickt; dabei ist zwischen der Ideen- und der Sachgeschichte zu unterscheiden.

---

[1] Der Ökonom Hajo Riese spricht von „Geld: Das letzte Rätsel der Nationalökonomie" (Riese 2013 [1995], S. 125).

Kurze Geschichte des Geldes (Gold und Geld) 2

Es ist grundsätzlich schwierig, wenn nicht gar unmöglich, sich eine zutreffende Vorstellung von gesellschaftlichen Verhältnissen zu bilden, die lange Zeit zurückliegen. *Vice versa* wäre vieles, was heute selbstverständlich erscheint, also ohne Überlegung akzeptiert oder als „naturgegeben" nicht in Frage gestellt wird, für die Vorfahren – häufig infolge des beschleunigten Wandels sogar für die zuletzt vorangegangene Generation – schwer vorstellbar, zumindest unglaubhaft gewesen. So ist es auch empfehlenswert, die zeitgenössischen Darstellungen der Entstehungsgeschichte von Geld und seinen Rollen im Leben früherer Zeiten als nicht wirklich verbürgt anzusehen: „So alt wie das Geld ist der Streit um seine Anfänge. Für Adam Smith ist Geld aus dem Handel entstanden, für Bernhard Laum aus religiösen Motiven, für John Locke aus Bedürfnissen der Wertaufbewahrung, für Wilhelm Gerloff aus Prestigedrang, für Karl Marx aus dem Zwang, Werte zu messen, für Aristoteles aus dem Zahlungsmittelbedarf, für Georg Friedrich Knapp aus staatrechtlicher Konvention. In Wahrheit weiß man weder warum, noch wann, wo und wie Geld auf die Erde kam. Man weiß nur, daß Geld in vorhistorischer Zeit schon sehr viele Gesichter hatte: Kühe und Käse, Perlen und Pelze, Muscheln und Metalle, Waffen und Weiber, Salz und Sklaven." (Weimer 1992, S. 11 f.) Aus dieser Sicht ist die vereinfachende Formel „Geld ist, was als Geld gilt" (Bammé 2005, S. 10) nachvollziehbar.[1]

Freilich ist zweifelsfrei, dass früher – sagen wir im klassischen Altertum und im Mittelalter – zwar Gold hochgeschätzt, aber Geld weit weniger umfassend gesehen und eingesetzt wurde als seit der Entwicklung von Lohnarbeit auf der Basis von Zeiteinheiten. Möglicherweise erfuhr Gold damals wie Geld heute eine so besondere, gleichwohl qualitativ andere Wertschätzung als das Zahlungsmittel der modernen Marktgesellschaften: Gold ist vergleichsweise selten vorhanden, obwohl es nach wie vor geschürft wird und so gut wie nicht vergänglich ist; glänzend bearbei-

---

[1] Besonders Gold bot und bietet aufgrund seiner historischen und globalen Akzeptanz die allgemeine Möglichkeit, als Zahlungsmittel und als geldgleiche Ware zu fungieren.

P. Kellermann, *Soziologie des Geldes*, essentials,   3
DOI 10.1007/978-3-658-04757-3_2, © Springer Fachmedien Wiesbaden 2014

tet ist es nicht nur schön anzusehen, sondern scheint auch Geheimnisse – wohl wegen seiner Dauerhaftigkeit – zu enthalten, weshalb es einerseits dem Sakralen, dem Heiligen, zugerechnet, andererseits sündhaft begehrt wurde. Die Geschichte im Alten Testament vom Tanz um das Goldene Kalb steht für den göttlichen Bezug; die Legende von König Midas Wunsch, dass alles zu Gold werden möge, was er berührt, für die Gier nach diesem Metall (Kellermann 2009, S. 85 ff.). Es lässt sich behaupten, dass diese beiden Merkmale des Goldes sich durch die Jahrtausende auf das moderne Geld übertragen haben: Vergöttlicht zu werden und Objekt von Habgier zu sein.

Der Aspekt, dass Geld aber schon früh auch mit Macht verbunden gesehen wurde, lässt sich an politischen Regelungen Athens im vierten Jahrhundert vor unserer Zeitrechnung verdeutlichen: „Doch ist das Problem sehr viel komplizierter, denn es scheint nicht so zu sein, daß die Münze von Anfang an und notwendigerweise dieselbe Bedeutung und Funktion hatte wie später." (Austin, Vidal-Naquet 1984, S. 46) „Eigene Münzen zu prägen galt als ein Symbol politischer Unabhängigkeit, und das Recht auf Münzprägung war ganz selbstverständlich ausschließliches Privileg der *polis*." (S. 103) Beispielsweise lautete ein Gesetz der antiken Stadt Olbia (Schwarzes Meer): „Wer gegen Anderes Geld verkauft oder kauft, der soll als Verkäufer des Gegenwerts dessen verlustig gehen, was er verkauft hat, als Käufer dessen, was er gekauft hat." (S. 289)

Während in alten römischen Zeiten die als äquivalent angesehene oder obrigkeitlich bestimmte Recheneinheit *pecunia* (lat. „Vieh"[2], dann auch Vermögen, schließlich Geld) als „Naturalgeld" noch die Assoziation zum konkreten Bezug hervorrufen konnte, galt der auf einer Metallmünze als Trägersubstrat geprägte Wert als Geldwert nur sehr beschränkt als Wert des Metalls. Das traf vor allem auf Gold zu und dann je nach Verwendung auch auf Silber, Kupfer und deren Legierungen. Hingegen verflüchtigte sich nach der Aufkündigung der Umtauschgarantie des US-amerikanischen Dollars als Papiergeld in gleichwertiges Gold über bemerkenswerte Sozialisationsprozesse die gedankliche Bindung an Gold. Allerdings versuchen an Finanzwerten reiche Personen in den immer wieder auftretenden Krisen, ihr Geldvermögen in Gold als Edelmetall vor Verlust zu schützen, was je nach Angebot und Nachfrage zu starken Preisveränderungen von Gold führt. Zwar gab es bisweilen schon zu Beginn der Neuzeit die Vorstellung von Papiergeld[3] ohne direkte

---

[2] „ Vieh war *Wertmaßstab* und nur in diesem sehr eingeschränkten Sinn kann von ihm als Geld überhaupt die Rede sein. Laertes kaufte Eurykleia für zwanzig Rinder, dann gab er nicht zwanzig Ochsen hin, sondern Gegenstände [...] *im Wert* von zwanzig Ochsen." (Bammé 2007, S. 206)

[3] John Law 1705: „Das in Vorschlag gebrachte Papiergeld wird dem Silber als gleichwertig gerechnet, denn es repräsentiert den Wert des beliehenen Grundstücks, der einer zu dessen Erwerbung benötigten Summe in Silbergeld entspricht." (Law 1979 [1705], S. 15)

materielle Deckung; aber die vom damaligen US-Präsidenten Nixon erfolgte Aufkündigung (1971) der Garantie, durch die Banken jederzeit Dollarnoten in Gold tauschen zu lassen (Bretton Woods-Übereinkommen 1944), war sachlich – aber bemerkenswerter Weise weder psychologisch noch ideologisch – die spektakulärste systemische Geldentwicklung: Der Glaube an Geld, auch wenn er überhaupt nicht mehr durch ein selbstwertvolles Substrat gestützt war, hatte sich allgemein durchgesetzt. Sogar Geldentwertungen – durch allmähliche Inflation, die i. S. von Teuerung offensichtlich fortwährend stattfindet, oder durch „galoppierende" Inflation, wie etwa weit verbreitet in den 1920er Jahren, oder durch Währungsumstellungen beispielsweise in Europa nach dem Zweiten Weltkrieg – vermochten den Geldglauben jeweils nur kurzfristig zu erschüttern. Aber welche Folgen die weiter andauernde „Entmaterialisierung" auch von papierenen Geldnoten infolge wachsender Bedeutung von digital-virtuell verwendetem Geld hat, lässt sich zwar im Zusammenhang mit der großen Finanzkrise ab 2008 diskutieren, aber auch Jahre später noch nicht eindeutig beurteilen.

Je mehr das Angebot an wirtschaftlichen Leistungen (Gütern und Diensten) durch zunehmende Produktivität, Innovationen und Kommodifizierungen[4] die Nachfrage überstieg, je problemloser Kaufabsichten verwirklicht werden konnten, desto mehr wurde Geld selbst und unmittelbar statt der doch „eigentlich" dahinter stehenden Deckung (Edelmetall, Leistungen) wertgeschätzt. Dadurch wurde Arbeit, deren *Zweck* die Schaffung von Leistungen zur Bedürfnisstillung ist, zum *Mittel*, Geld zu erwerben. Dieser Zweck/Mittel-Tausch ist das wesentliche Moment im Ausbreitungsprozess des „Denkens in Geld", der modernen Religion des „Moneyismus" (Kellermann 2007b). In der fast unglaublichen Ausweitung des Geldes in der digitalen Welt durch die Finanzmärkte erreichte der Moneyismus einen Höhepunkt: Obwohl der nominelle Wert[5] des auch zur Ware gewordenen Geldes um das Vielfache den realen Wert von Wirtschaftsleistungen an Gütern und Diensten übersteigt, wird trotz starker Wertschwankungen an die Geldware geglaubt – „Geld" deckt nur noch sehr beschränkt das materiell ab, was es symbolisiert: Das Symbol wurde zur „Sache" (lat. *res*), es wurde reifiziert (lat. *facere*).[6] Obwohl Geld

---

[4] Umwandlung von zuvor geldlosen Leistungen zu Waren (engl. *commodities*); auch Geld selbst wurde durch die Finanzmärkte zur Ware: „Geldware". Eine Ware, die mit Geld als Zahlungsmittel gehandelt wird – etwa Währungen, dann Schuld- oder Gutscheine, Aktien und viele weitere konstruierte, mehr oder weniger abstrakte/fiktive Finanzwerte bzw. Finanzwaren.

[5] Der nominelle Wert wird lediglich durch vermehrte Nachfrage nach dem Finanzprodukt – Aktien, Optionen, *futures* etc. – gesteigert.

[6] „Das Gold und das Silber sind nur Stellvertreter für die Güter, für die sie eingetauscht worden sind. Sie haben eigentlich keinen absoluten Wert, und es hängt nicht einmal vom absoluten Souverän ab, um ihnen einen Ort zu geben." (Rousseau 1977 [1751], S. 248)

an sich keinen eigenständigen Substanzwert mehr hat, bekommt es Gebrauchswert als Mittel (einem Katalysator vergleichbar) zur Erreichung vielfältiger Ziele.

So bietet der Wandel in der Trägersubstanz von Geld eine Einteilung der Geldgeschichte: Es lässt sich eine lange 1) Phase des *Naturalgelds* in antiken Agrargesellschaften von der Jahrhunderte währenden 2) Phase des *Metallgelds* in klassischen Militärgesellschaften von der 3) Periode der vergleichsweise nur kurzen Zeit des anstandslos akzeptierten *Papiergelds* in der Industriegesellschaft und jüngst von der 4) Zeit des *digital-virtuellen Geldes* des „Finanzmarkt-Kapitalismus" (Windolf 2013) unterscheiden. In dieser Entwicklung des Geldes ist eine Art fortlaufender Entmaterialisierung festzustellen – vom Konkreten zu immer Abstrakterem. Überdies lassen alle vier Phasen jeweils besondere Merkmale erkennen, wenn auch ein wesentliches Merkmal allen Geldarten eigen war bzw. ist: Symbol zu sein (und damit immer *auch* virtuell). Das gilt sowohl für älteste Geldarten als auch für die entsprechenden Ziffern auf dem Computerscreen. Freilich: Das Wissen, dass Geld in seinem Wesen nur Symbol, ein virtuelles Zeichen für etwas anderes (nämlich für Leistung bzw. Ware) ist, war zunächst durch den Eigenwert der Trägersubstanz verdeckt worden, verschwand dann aber fast vollständig.[7]

---

[7] Hierin liegt wohl die Erklärung der einseitigen Konstruktion der Europäischen Zentralbank (EZB), deren Aufgabe auf Inflationsbeschränkung durch Geldpolitik, aber nicht auch auf die Sicherung und Verbesserung der gesellschaftlichen Lebensbedingungen durch Wirtschaftspolitik ausgerichtet ist.

Grundfragen und theoretische Zugänge (Waren und Preise, Bedarf und Produktion)

Der führende Wirtschaftsphilosoph des klassischen Altertums, Aristoteles (384–322 v. Chr.), erkannte, dass Geld – gleichgültig in welcher Form – eine andere Wertschätzung erfuhr als die Sache, die mit Hilfe von Geld die Besitzer wechselt; er unterschied zwischen Tauschwert – dem Preis – und Gebrauchswert – dem Nutzen – eines Guts: „Die Benützung eines jeden Besitztums ist eine doppelte und beide Male wird das Besitztum als solches, aber als solches nicht in der gleichen Weise, benutzt, sondern die eine Art von Benutzung ist die dem Gegenstand eigentümliche, die andere nicht. Z. B. den Schuh kann man benützen zum Anziehen aber auch als Tauschmittel. Denn beides sind wirklich Benützungsweisen des Schuhs, insofern auch der, welcher einem anderen, der eines Schuhs bedarf, einen solchen für Geld […] zum Tausch gibt […]." (Aristoteles 1968 [~350 v. Chr.], S. 24 f.) Diese Unterscheidung von Gebrauchswert und Tauschwert wurde im Laufe des Nachdenkens über Geld immer wieder zu einem besonderen Mittel des Verständnisses marktbezogenen Handelns verwendet. Im 18. Jahrhundert wurde sie prominent von Adam Smith, dem „Vater" der modernen Wirtschaftslehre, im 19. Jahrhundert von Karl Marx, dem hervorragenden Analytiker des industriellen Kapitalismus, vertreten. Doch Aristoteles problematisierte bereits eine andere Frage des Tauschs eines Guts gegen Geld: Was ist der gerechte Preis? Die Betonung der „Gerechtigkeit" verweist darauf, dass die Ethik in früheren Zeiten wesentlicher Gesichtspunkt bei der Betrachtung sozialer Vorgänge und Verhältnisse war;[1] freilich auf der Grundlage einer als natürlich angenommenen Gesellschaftsordnung – im Stadtstaat Athen zum Beispiel die Gliederung seiner Bewohner nach Bürgern, *metoiken* (Zugewanderte und freigelassene Sklaven) und Sklaven.

---

[1] Getraude Mikl-Horke resümiert: „In gewisser Weise kann man sagen, die klassische griechische Philosophie, insbesondere die Lehre Platons, sei der Versuch, den Menschen eine andere Orientierung als die am Gelderwerb zu geben." (Mikl–Horke 1999, S. 61)

P. Kellermann, *Soziologie des Geldes*, essentials, DOI 10.1007/978-3-658-04757-3_3, © Springer Fachmedien Wiesbaden 2014

Wenn auch die Ethik noch heute – insbesondere in der Kritik an den herrschenden wirtschaftlichen Verhältnissen – eine Rolle spielt, so hat sich doch die Frage nach dem „gerechten" Preis mit der Entwicklung analytischer Wissenschaften in die Frage nach dem „richtigen" Preis gewandelt. Die „objektive" Wertlehre – nämlich den Preis nach den Gestehungskosten zu berechnen[2] – wurde nach und nach durch die „subjektive" Wertlehre ersetzt: Zu welchem Preis ist die eine Person bereit, eine Sache zu verkaufen (wodurch diese Sache zur Ware wird), eine andere Person, sie zu kaufen. Subjektive Wertschätzungen der Marktteilnehmer – so die theoretische Annahme – gleichen sich im Preis einander an. Freilich sollte gesehen werden, dass eine Vielzahl von Faktoren in die jeweilige Wertschätzung eingeht, im Preis also das Endergebnis sehr komplexer Überlegungen, Erwartungen und Vorlieben zum Ausdruck kommt. Aber das ist gerade ein wesentliches Merkmal von Geld: mit ihm Komplexität zu reduzieren, Qualitatives quantitativ auszudrücken und damit messbar zu machen.

Der relative Wohlstand eines Volks, eines Landes oder eines Staats bzw. einer Region wie sie im 21. Jahrhundert etwa durch die Europäische Union gebildet wird, hängt vom Ausgleich der Entwicklungen des Bedarfs und der Produktion[3] ab. Die Produktion erfolgt durch das genutzte qualifizierte Arbeitsvermögen der Menschen und durch mitunter in längeren geschichtlichen Arbeitsprozessen (Forschung, Entwicklung, Anwendung) in Auseinandersetzung mit Natur und Gesellschaft entstandene Produktionsmittel sowie durch vernetzte Infrastrukturen. Bedarf und Produktion stehen in einem interdependenten Zusammenhang, der intentional beeinflusst werden kann – sowohl was die Entwicklung als auch was den Ausgleich angeht. Der Bedarf kann beispielsweise von Traditionen, vom Wandel der natürlichen und gesellschaftlichen Rahmenbedingungen (etwa von Werbung oder auch von den menschenverursachten „normalen Katastrophen" i.S. von Charles Perrow, 1992) bestimmt werden. Das Produktionsniveau ist eine Folge bewussten Handelns – in Arbeitsteilung zunächst von kleineren Lebensgemeinschaften vom Typ *oikos* (Brunner 1994, S. 73), dann von immer umfassenderen Einheiten wie Gemeinden, Stadtstaaten, Nationalstaaten, Regionen bis hin zur globalen Gesellschaft. In dieser historischen Entwicklung veränderten sich simultan die Anschauungen über Funktionen von Geld und die bewusste Steuerung von Wirtschaftsprozessen. Dies führt zur Analyse der Geldfunktionen, die mit dem Wandel der gesellschaftlichen Organisation von Arbeit (Durkheim 1988 [1893]) nicht nur bedeutsamer, sondern auch vielfältiger wurden.

---

[2] Karl Marx in diesem Zusammenhang: „Wenn der Wert einer Ware bestimmt wird durch die zu ihrer Herstellung erforderliche Arbeitsmenge, so folgt daraus notwendigerweise, daß der Wert der Arbeit, d. h. der Arbeitslohn, gleichfalls durch die Arbeitsmenge bestimmt wird, die zu seiner Herstellung erforderlich ist." (Marx 1953 [1837–1847], S. 487)

[3] Produktion i.S. des Verfügbarmachens von Mitteln, die zur Stillung von Bedürfnissen dienen können; das sind Güter und Dienste, die zusammengefasst (Wirtschafts-)Leistungen genannt werden.

Analysen und Studien (Funktionen, Wirkungen und Entwicklungen) 4

In seiner Einführung zur Neuausgabe des Werks „Vom Gelde", das Karl Diehl und Paul Mombert in mehreren Auflagen zwischen 1910 und 1923 vorlegten, schreibt Rudolf Hickel über die Funktionen von Geld: Es ist „allgemeines Tauschmittel, allgemeines Zahlungsmittel, Kapitalübertragungsmittel, Liquiditätsreserve, Preismesser, Preisvergleichsmittel, Rechnungseinheit, Schuldentilgungsmittel, Wertmaß für gestundete Zahlungen, temporäre Durchgangsstation der Kaufkraft, Wertaufbewahrungsmittel, Wertmesser, Wertvergleichsmittel usw." (Hickel 1979, XVII) Die dominierende Sicht der Analysen von Geld ist die, seinen Gebrauch zu erfassen und in den verschiedenen Arten des Gebrauchs Sinn und Zweck des Geldes zu sehen. Als die allgemeinste Funktion wird dabei durchgehend die des Mittels zum Tausch von Waren angegeben.

Dass Geld vor allem als *generalized medium* (Talcott Parsons) bestimmt wurde, geht auf die Entwicklung des mobilen Handels zurück. Wenn es auch zur Entstehungsgeschichte des Handels verschiedene Erklärungen gibt, so sind doch zwei Umstände als Begründung für Tauschhandel – gleichgültig, ob unmittelbar Ware gegen Ware oder Ware über Geld gegen Ware – wesentlich: Mangel und Überschuss an einem bestimmten Gut je nach regionaler und sozialer Lage einerseits sowie Entfaltung der Arbeitsteilung andererseits. Zur Illustration des ersten Umstands lässt sich der schon in der Antike bekannte Handel mit Gewürzen und Salz benennen, aber auch später jene Handelsbeziehungen, die David Ricardo mit dem Begriff der komparativen Kosten erklärte: Wein zu erzeugen ist in Portugal billiger als Textilien herzustellen; Umgekehrtes wurde für England angenommen. Der Tausch sollte für beide Teile vorteilhaft sein (vgl. Zimmerman 1961, S. 72). Die Entfaltung der Arbeitsteilung bewirkte sodann, dass Menschen sich auf eine Teiltätigkeit eines Arbeitszusammenhangs konzentrierten, wodurch sich spezielle Qualifikationen und dadurch Produktionssteigerungen ergaben; das beschrieb Adam Smith schon zu Beginn seines umfangreichen Werks „Eine Unter-

P. Kellermann, *Soziologie des Geldes*, essentials,
DOI 10.1007/978-3-658-04757-3_4, © Springer Fachmedien Wiesbaden 2014

suchung über den Volkswohlstand" von 1776 mit dem berühmten Nadelbeispiel (Smith 1973 [1776], 1. Teil, S. 18 f.).[1] Damit ging aber das Erfordernis einher, die zur Stillung vielfältiger Bedürfnisse gebrauchten Güter gegen das eigene Arbeitsprodukt zu tauschen. In dem Maße, in dem sich die Handelsbeziehungen erweiterten, wuchs die Praktikabilität von als gültig angesehenem Geld: Durch relativ leichte Transportfähigkeit ließ es sich auch zur Verknüpfung in die Ferne führender Geschäftstätigkeiten verwenden wie es ermöglichte, die Zeiten zwischen Kauf und Verkauf zu überbrücken. Auf einen Begleitumstand dieser wachsenden Bedeutung von Geld war schon oben hingewiesen worden: Der Wandel von Naturalgeld über Metall- und Papiergeld zum nur noch digital-virtuellen (entmaterialisierten) Geld. Man kann diese Entwicklung die Erhöhung der „Leichtfüßigkeit" des Geldes nennen. Sie vereinfachte und beschleunigte die entstehenden globalen Handelsbeziehungen, so dass sich – anders als zuvor, wo noch das Trägersubstrat des Symbols „Geld" selbst wertvoll war und Handelsware sein konnte – Geld auch in seinem bloß noch elektronisch festgehaltenen Wert in Form von Aktien, Devisen, Optionen, *futures* und vielen anderen Formen als Ware etablierte.

Mit dem Anstieg der Bedeutung von Geld als Ware – was schubartig vor allem gegen Ende des 20. Jahrhunderts christlicher Zeitrechnung erfolgte – wechselte ebenfalls vergleichsweise sehr schnell die herrschende Anschauung über den Zweck der Arbeit. Mochte mit der Arbeitsteilung und dem damit erforderlichen Tausch von Produkten über Geld noch der Sinn von industrieller Produktion in der Belieferung von Märkten gesehen worden sein, so bewirkte die zunehmende direkte Orientierung auf Geld eine Kräfteverschiebung im Verhältnis zwischen Produktionssektor und Finanzsektor (Blomert 2007, S. 244). Als ausschlaggebend für den Erfolg von Unternehmen und Industrien wurden nicht mehr Quantität und Qualität der Produkte und auch nicht das Einkommen jener Menschen, die die Produkte bzw. Waren durch ihre Arbeit verfügbar machten, angesehen, sondern der Gewinn der *shareholder*, also jener, die lediglich ihre ansonsten nicht benötigten Geldmittel zur Finanzierung betrieblicher Investitionen bzw. – noch abstrakter – zum spe-

---

[1] Zum Bild, das in der Sekundärliteratur von Adam Smith meist gezeichnet wird, nämlich Lobpreiser egoistischen Handelns zu sein, passt seine durchaus kritische oder sozial-sensible Sicht auf Wirkungen der gesellschaftlichen Entwicklung zur Zeit des beginnenden Wirtschaftsliberalismus nur schlecht: „Ganz anders verhält es sich mit dem gewöhnlichen Volke. Es kann nur wenig Zeit auf seine Erziehung wenden. Die Eltern können kaum so viel erschwingen, um die Kinder zu erhalten. Sobald diese nur imstande sind, etwas zu arbeiten, müssen sie ein Geschäft ergreifen, womit sie ihren Unterhalt verdienen. Und dieses Geschäft ist gewöhnlich so einfach und einförmig, daß es den Verstand nur wenig übt, während zugleich ihre Arbeit so unablässig und sauer ist, daß sie ihnen wenig Muße und noch weniger Neigung lässt, sich mit etwas anderem zu beschäftigen oder gar über andere Dinge nachzudenken." (Smith 1973 [1776], 2. Teil: S. 498 f.)

kulativen Handel der nominellen Werte verausgabten. Galten zuvor Gewinnraten von etwa fünf Prozent schon als großer wirtschaftlicher Erfolg, so wurde unter dem „neo-liberalistischen" Finanzregime bei sonstigem Entzug der Geldmittel zur Standardforderung, sehr hohe (zehn, 15 % oder auch mehr) Rendite zu generieren. Das Mittel zur Erzeugung des entsprechenden Drucks auf das Management war das Prinzip des *benchmarking*, also Erfolg oder Misserfolg an der jeweils höchst-erzielten Rendite der konkurrierenden Unternehmen zu messen. Entsprechende Zielvorgaben (*management by objectives*, MBO) wurden mit variablen Gehaltsbe-standteilen („Boni", aber kaum „Mali") der Manager versehen.[2]

---

[2] Paul Windolf beschreibt den Veränderungsprozess in den drei Phasen unterschiedlichen Trägertums von Eigentum, Risiko und Kontrolle als den Übergang vom „Familien- zum Ma-nagerkapitalismus" und weiter zum „Finanzmarkt-Kapitalismus" (Windolf 2013, S. 208).

Geld aus wirtschaftssoziologischer Sicht (Arbeitsorganisation, Geldkultur und Wirtschaftslenkung)

5

Die frühere gesellschaftlich klare Unterscheidung von selbstbestimmter Tätigkeit für sich und fremdbestimmter Arbeit für jemand anderen hat sich immer mehr verloren – das allgemeine Verständnis von „Arbeit" wurde reduziert auf Erwerbsarbeit; unentgeltliches Schaffen gilt kaum noch als Arbeit. Symptomatisch hierfür ist der historische Wandel von Arbeit und Entlohnung je nach sozialem Status als Sklave, Knecht und Lohnarbeiter, wobei die ehemalig allein politisch Bestimmenden (also die Sklavenhalter von Athen und Rom[1] bis zu den US-amerikanischen Südstaaten) und darüber hinaus[2] ihre elitäre herrschaftliche Stellung mit der Ausweitung der Geldwirtschaft allmählich verloren. Sklaven wurden als persönlicher Besitz angesehen, vergleichbar Haustieren, die für ihre Dienste ohne Geld, also nur mit den für ihr kärgliches Leben erforderlichen Mitteln entlohnt wurden. Knechte und Mägde der Feudalgesellschaft erhielten für ihre meist körperliche Arbeit zwar auch „Naturallohn", indem sie im Umkreis eines bäuerlichen Haushalts lebten und

---

[1] „Die Rolle, die die Sklaverei für die Wirtschaft des späten Griechenlands und Roms spielte, war durch die Eroberungen Alexanders des Großen und die Roms ermöglicht worden, wodurch große Massen der unterworfenen Völker als Sklaven verschleppt wurden." (Mikl-Horke 1999, S. 107)

[2] Die Vorstellung, spätestens mit dem Ende des US-amerikanischen Bürgerkriegs (1861–1865), der wegen der gesetzlichen Abschaffung der Sklavenarbeit zwischen den Süd- und Nordstaaten auf Grund unterschiedlicher Entwicklungen der Wirtschaft (von überwiegend traditioneller Agrararbeit zur raschen Entfaltung der Industriearbeit) geführt wurde, sei die Sklaverei überwunden, ist unrichtig: Der Bevölkerungsfonds der Vereinten Nationen und die mit ihm kooperierenden nationalen Institutionen sprechen von „neuzeitlicher Sklaverei". Ausgeführt wird, „dass es auch heute noch, im 21. Jahrhundert, Sklaverei in Europa gibt". Zitiert wird aus einer Konvention der parlamentarischen Versammlung des Europarats von 2004: „Sklaven sind vorwiegend Frauen, die als Haushaltshilfen, Au-pair-Mädchen oder ‚Katalogbräute' ins Land gekommen sind und normalerweise in Privathaushalten arbeiten." (UNFPA 2006, S. 48) Allerdings erscheint der Unterschied eines Sklavenlebens zu dem Leben von billigst entlohnten Arbeiterinnen und Arbeitern in den *sweat shops* Asiens und Lateinamerikas, auch Afrikas, nicht wesentlich groß zu sein.

P. Kellermann, *Soziologie des Geldes*, essentials,
DOI 10.1007/978-3-658-04757-3_5, © Springer Fachmedien Wiesbaden 2014

bisweilen Taschengeld bekamen, aber formal nicht Eigentum irgendeines anderen waren. Doch mit ihnen änderte sich das Verhältnis von Arbeit und Zeit: Auch die Kinder von Sklaven waren Sklaven, die gegen Geld gehandelt wurden und auf unbestimmte Zeit ihren Herrschaften für verschiedenste Dienste zur Verfügung zu stehen hatten.[3] Knechte und Mägde waren in der Landwirtschaft beschäftigt,[4] deren Arbeitsrhythmus vom Tages- und Jahreszeitenverlauf bestimmt war; ein direkter Bezug von Arbeit und Arbeitszeit zu Geld bestand nicht. Das änderte sich mit dem Aufkommen industrieller Organisation der Arbeit. Mit der sich rasch ausbreitenden Anwendung dampfbetriebener Maschinen, die nahezu ausschließlich immobil waren und deshalb für die Arbeiter eine Ortsveränderung erforderten, war das wesentliche Merkmal die Strukturierung der Arbeitszeit nach den Erfordernissen der Apparate. Die Folge war eine allmähliche Trennung von Arbeitszeit nach Stunden und von arbeitsfreier Zeit, was eine entsprechende Entlohnungsordnung nach sich zog. Die Lohnarbeiter waren weder im Besitz von anderen noch lebten sie mit den „Arbeitgebern" in einem Haushalt (*oikos*) zusammen, sondern kamen in die „Fabrik". In dieser waren Produktionsmittel – das Produktivkapital – von mehr oder weniger geschulten Menschen – dem Humankapital – arbeitsteilig zu bedienen. Wenn auch zu Beginn der Industrialisierung bisweilen und nebenher mit „Naturalgeld" – also Gütern des alltäglichen Bedarfs – entlohnt wurde, so setzte sich doch Geld als allgemeines Zahlungsmittel für in Zeit gemessener Arbeit durch.[5] Zuwendungen wie Wohnangebote, Urlaubstage, Krankheitsversorgung

---

[3] „ ‚Sklaven und Zucker', kommentierte ein Autor, ‚machten arme Männer selten vermögend, doch sie machten vermögende Männer in einer ganzen Reihe von Fällen außerordentlich reich'. Der Sklavenhandel war noch gegen Ende des 18. Jahrhunderts hoch angesehen, aber allmählich wurde das Murren über seinen Nutzen und seine Moral lauter [...] Viele Engländer nahmen während des 18. Jahrhunderts die Sklaverei gedankenlos hin. Kleine schwarze Jungen waren begehrte Lieblinge modischer Damen; Sklaven wurden offen auf Auktionen gehandelt; in Freiheit entlassene und verstoßene Schwarze ließen die Schicht der Armen und Mittellosen in London, Bristol und Liverpool anwachsen. In zahlreichen Schaufenstern wurde das schaurige Zubehör des Sklavenhandels ausgestellt: Ketten und Handfesseln, Geräte um die Sklaven zur Öffnung ihres Mundes zu zwingen, wenn sie die Nahrung verweigerten, Eisenringe für den Hals mit vorspringenden Spitzen, Daumenschrauben und all die anderen Werkzeuge der Unterdrückung." (Everett 1998, S. 64 f.)

[4] Das galt auch für „Leibeigene". In Österreich wurde die Leibeigenschaft 1781 von Joseph II. abgeschafft.

[5] Ein charakteristisches Beispiel für die allmähliche Durchsetzung des Bezugs von Geld auf Zeit („Zeit ist Geld") liefert Benjamin Franklin: „Bedenke, daß die Zeit Geld ist; wer täglich zehn Schillinge durch seine Arbeit erwerben könnte und den halben Tag spazieren geht, oder auf seinem Zimmer faulenzt, der darf, auch wenn er nur sechs Pence für sein Vergnügen ausgibt, nicht dies allein berechnen, er hat nebendem (sic) noch fünf Schillinge ausgegeben oder

wurden später als „freiwillige Sozialleistungen" der Betriebe eingeführt. Geld war zum überwiegenden Maßstab sowohl von Arbeitsleistungen als auch von Gütern aller Art geworden. Arbeit in fast jeder Beziehung wurde zu Erwerbstätigkeit, bei der es primär um Einkommen, kaum um Inhalte und Organisation der Arbeit geht.[6] Der Grund für diese einseitige Sicht ist, dass Geldverfügbarkeit immer mehr zur Voraussetzung des Lebens in der Geldgesellschaft wurde: In dieser Gesellschaft ist fast nichts mehr, was zum Leben gebraucht wird, ohne Geld zu erhalten.

Doch die Wirkungen und die Funktionen von Geld wurden ideengeschichtlich unterschiedlich analysiert, wobei sechs Namen von Autoren stellvertretend für verschieden akzentuierte Sichtweisen stehen: Adam Smith für „Profitinteresse", Karl Marx für „Entfremdung", Georg Simmel für „Freiheit", Talcott Parsons für „mediales Symbol" sowie John Maynard Keynes und Milton Friedman für „Wirtschaftssteuerung".

5.1   Adam Smith (1723–1790) und Karl Marx (1818–1883)

Die Lehre von Adam Smith und seinen Mitstreitern sah den Ausgleich von Bedarf und Produktion im arbeitsteiligen Verfolgen der eigenen Profitinteressen, wodurch – bei Sicherung der Rahmenbedingungen durch öffentliche Autorität – das höchste Allgemeinwohl entstehe (*„invisible hand"*): „Nun wendet man aber sein Kapital nur um des Profites willen auf die Erwerbstätigkeit und man wird es daher stets derjenigen Art zuzuwenden suchen, deren Erzeugnis den größten Wert hoffen lässt, d. h. gegen die größte Menge Geldes oder anderer Güter vertauscht werden zu können verspricht […] Indem er (jedermann, P.K.) die einheimische Erwerbstätigkeit der fremden vorzieht, hat er nur seine eigene Sicherheit im Auge und indem er diese Erwerbstätigkeit so leitet, daß ihr Produkt den größten Wert erhalte, verfolgt er lediglich seinen eigenen Gewinn und wird in diesen wie in vielen anderen Fällen von einer unsichtbaren Hand geleitet, einen Zweck zu fördern, den er in keiner Weise beabsichtigt hatte […] Verfolgt er sein eigenes Interesse, so fördert er das der Gesellschaft weit wirksamer, als wenn er dieses wirklich zu fördern beabsichtigt." (Smith 1973 [1776], 2. Teil: S. 235 f.) Karl Marx referiert diese Lehre und transponiert sie ins Soziologische: „Der Witz besteht nicht darin, daß, indem jeder sein

---

vielmehr weggeworfen." (Franklin 1706–1790, zit. nach Weber 1922, S. 31) Peter Heintel dreht die Formel um in „Geld ist Zeit" (Heintel 2007, S. 127 ff.).

[6] „Der Mensch ist auf das Erwerben als Zweck seines Lebens, nicht mehr das Erwerben auf den Menschen als Mittel zum Zweck der Befriedigung seiner materiellen Lebensbedürfnisse bezogen." (Weber 1922, S. 35 f.)

Privatinteresse verfolgt, die Gesamtheit der Privatinteressen, also das allgemeine Interesse erreicht wird. Vielmehr könnte aus dieser abstrakten Phrase gefolgert werden, daß jeder wechselseitig die Geltendmachung des Interesses der anderen hemmt, und statt einer allgemeinen Affirmation, vielmehr eine allgemeine Negation aus diesem bellum omnium contra omnes resultiert. Die Pointe liegt vielmehr darin, daß das Privatinteresse selbst schon ein gesellschaftlich bestimmtes Interesse ist und nur innerhalb der von der Gesellschaft gesetzten Bedingungen und mit den von ihr gegebenen Mitteln erreicht werden kann; also an die Reproduktion dieser Bedingungen und Mittel gebunden ist. Es ist das Interesse der Privaten; aber dessen Inhalt, wie Form und Mittel der Verwirklichung (sind, P.K.) durch von allen unabhängige gesellschaftliche Bedingungen gegeben." (Marx 1974 [1857/58], S. 74)

Damit kritisiert Marx weniger die Theorie als die tatsächliche Entwicklung, weil Privatinteressen (der „Bourgeoisie") die öffentlichen Interessen dominierten, wodurch krasse Ungleichheiten des Wohlstands innerhalb der „kapitalistischen" Gesellschaft entstünden. Die Vorstellung beziehungsweise die Erfahrung, dass Geld Macht verleihe[7] und damit auch die Identität einer Person, ihr Erscheinungsbild nach innen und außen bestimme, beschreibt Marx in Bezügen auf literarische Werke von Shakespeare und Goethe: „Shakespeare schildert das Wesen des *Geldes* trefflich. Um ihn zu verstehen, beginnen wir zunächst mit der Auslegung der göthischen Stelle. ‚Was durch das *Geld* für mich ist, was ich zahlen, d. h., was das Geld kaufen kann, das *bin ich*, der Besitzer des Geldes selbst. So groß die Kraft des Geldes, so groß ist meine Kraft. Die Eigenschaften des Geldes sind meine – seines Besitzers – Eigenschaften und Wesenskräfte. Das was *ich bin* und *vermag* ist also keineswegs durch meine Individualität bestimmt. Ich *bin* häßlich aber ich kann mir die *schönste* Frau kaufen. Also bin ich nicht *häßlich*, denn die Wirkung der *Häßlichkeit*, ihre abschreckende Kraft ist durch das Geld vernichtet.' " (Marx 1988 [1844], S. 219; Hervorh. im Orig.) Marx eigene schärfere Akzentuierung desselben Prozesses wirkt anklagend und soll wohl auch so wirken: Die Bourgeoisie „hat die persönliche Würde in den Tauschwert aufgelöst und an die Stelle der zahllosen verbrieften und wohl erworbenen Freiheiten die eine gewissenlose Handelsfreiheit gesetzt [...] Sie hat den Arzt, den Juristen, den Pfaffen, den Poeten, den Mann der Wissenschaft in ihre bezahlten Lohnarbeiter verwandelt. Die Bourgeoisie hat dem Familienverhältnis seinen rührend-sentimentalen Schleier abgerissen und es auf ein reines Geldverhältnis zurückgeführt." (Marx 1953 [1837–1847], S. 528) Die „persönliche Würde in den Tauschwert aufzulösen", also in Geld auszudrücken, und Menschen „auf ein reines Geldverhältnis zurückzuführen" bedeutet „Ent-

---

[7] Marx spricht von der „göttlichen Kraft des Geldes" (1988 [1844], S. 220).

fremdung". Der „Entfremdungsprozess" (Marx) verläuft über die Ware zu Geld: „Daraus, daß die Ware zum allgemeinen Tauschwert (wird, P.K.), geht hervor, daß der Tauschwert zu einer besonderen Ware wird … Im Fortgang der Entwicklung kann der Tauschwert des Geldes wieder eine von seiner Materie, seiner Substanz, getrennte Existenz erhalten, wie im Papiergeld, ohne indes das Privilegium dieser besondren Ware aufzuheben, indem die besonderte Existenz ihrer Denomination von der besondren Ware zu erhalten fortfahren muß." (Marx 1974 [1857/58], S. 84) Dass Marx im erwähnten Papiergeld nicht vor allem anderen das Abstract-Symbolische sieht,[8] geht sowohl aus seiner Bezeichnung „diese besondre Ware" hervor, als auch aus dem ersten Satz des dritten Kapitels „Das Geld oder die Warenzirkulation" hervor: „Die erste Funktion des Goldes besteht darin, der Warenwelt das Material ihres Wertausdrucks zu liefern oder die Warenwerte als gleichnamige Größen, qualitativ gleiche und quantitativ vergleichbare, darzustellen. So funktioniert es als allgemeines *Maß* der *Werte* und nur durch diese Funktion wird Gold, die spezifische Äquivalentware, zunächst Geld." (Marx, Engels 1960 [1867], S. 99) Er begründet diese Voraussetzung so: „Der in dem Preise oder Geldnamen der Waren vorgestellte Gewichtsteil Gold muß ihnen in der Zirkulation als gleichnamiges Goldstück oder *Münze* gegenüber treten." (S. 130) Gleichwohl sieht er eine Differenz: „Das Gold als Zirkulationsmittel weicht ab vom Gold als Maßstab der Preise, und hört damit auch auf, wirkliches Äquivalent der Waren zu sein, deren Preise es realisiert […] Die naturwüchsige Tendenz des Zirkulationsprozesses, das Goldsein der Münze in Goldschein oder die Münze *in ein Symbol ihres offiziellen Metallgehalts* (Hervorh. P.K.) zu verwandeln, ist selbst anerkannt durch die modernsten Gesetze über den Grad des Metallverlustes, der ein Goldstück kursunfähig macht oder demonetisiert." (S. 131) Augenscheinlich bezieht Marx den Symbolcharakter von Geld nur auf Gold als den Wert des Geldes gesetzlich deckendes Mittel, nicht jedoch auf Versprechen bzw. Anspruch von Waren oder Leistungen.

Bald kamen neue Ideen zur Analyse des sich ausweitenden Geldsystems auf, das nach und nach nahezu alle anderen gesellschaftlichen Lebensbereiche erfasst und diese in hohem Maße bestimmt. Entsprechend erwuchs Geld und seinem Gebrauch in den *grand theories* der Sozialwissenschaften zunehmende Bedeutung.

---

[8] Dagegen Rousseau schon 1751: „Obwohl das Geld an sich keinen wirklichen Wert hat, bekommt es einen durch stillschweigende Übereinkunft in jedem Land, wo es im Verkehr ist, und dieser Wert schwankt nach den Gründen, die zu seiner Bewertung dienen." (Rousseau 1977 [1751], S. 248)

5.2 Georg Simmel (1858–1918) und Talcott Parsons (1902–1979)

Dass Georg Simmel in jüngeren Diskussionen über Geld immer wieder als Hauptproponent einer Geldsoziologie angeführt wird (Deutschmann 2002, S. 8; Kellermann 2013, S. 417) kann fragen lassen, warum er sein umfangreiches Hauptwerk „Philosophie des Geldes" genannt hat statt „Soziologie des Geldes". Zweifellos haben seine Darstellungen der Wirkungen der Institutionalisierung von Geld[9] als Entfaltungsmomente der bürgerlichen Gesellschaft – nämlich Individualisierung bei gleichzeitiger Vergesellschaftung, zeitliche und räumliche Erweiterung von Handlungsbereichen, Versachlichung von Beziehungen und Gegenständen, Zentralisierung von Werten etc. – soziologisches Wissen weit über die Wirtschaftssoziologie hinaus vertieft und verbreitet; aber seine nahezu hymnische Charakterisierung von Geld wirkt abgehoben von der gesellschaftlichen Realität und macht Geld gar zu einem „metaphysischen Wesen"[10]. Dass dies tatsächlich eher zu einer Philosophie als zur Soziologie des Geldes führt, lässt sich an einem Beispiel verdeutlichen: Sehr schön erklärt Simmel den Unterschied von Mittel und Werkzeug: „Während das Mittel in seiner gewöhnlichen und einfachen Gestalt sich an der Realisierung des Zweckes völlig ausgelebt hat, seine Kraft und sein Interesse als Mittel nach geleistetem Dienste einbüßt, ist es das Wesen des Werkzeugs, über seine einzelne Anwendung hinaus zu beharren, oder: zu einer im voraus überhaupt nicht feststellbaren Anzahl von Diensten berufen zu sein." (Simmel 1989 [1900], S. 266) Doch im Schwärmen über Geld vergisst Simmel den selbst beschriebenen Unterschied zwischen Mittel und Werkzeug – er schreibt, gewissermaßen völlig fasziniert von seinen aktuellen Gedanken, in unmittelbarer textlicher Nähe zum einen „Das Geld ist die reinste Form des Werkzeugs" (S. 263) und zum anderen „Im Geld

---

[9] „Das Geld ist die reinste Form des Werkzeugs, und zwar von der oben bezeichneten Art: es ist eine Institution, in die der Einzelne sein Tun oder Haben einmünden läßt, um durch diesen Durchgangspunkt hindurch Ziele zu erreichen, die seiner auf sie direkt gerichteten Bemühung unzugängig wären." (Simmel 1989 [1900], S. 263)

[10] „Das Superadditum des Geldbesitzes ist nichts als eine einzelne Erscheinung dieses, man möchte sagen, metaphysischen Wesens des Geldes, daß es über jede Einzelverwendung seiner hinausreicht und, weil es das absolute Mittel ist, die Möglichkeit aller Werte als den Wert aller Möglichkeiten zur Geltung bringt." (Simmel 1989 [1900], S. 281) – Die Mystifizierung von Geld deutet Ernest Borneman psychoanalytisch: „Stets geht die Ursache des Zwanges aber auf kindliche Erlebnisse in der Analphase zurück, meist natürlich wieder auf die Reinlichkeitsdressur, die dem Kind das lebenslängliche Gefühl gibt, es sei seines rechtmäßigen Besitzes beraubt worden. Solche Menschen werden dann oft zu Geldfetischisten und schreiben dem Geld im allgemeinen oder einzelnen Münzen oder Banknoten quasi-magische Kräfte zu." (Borneman 1977, S. 49)

aber hat das Mittel seine reinste Wirklichkeit erhalten, es ist dasjenige konkrete Mittel, das sich mit dem abstrakten Begriffe desselben ohne Abzug deckt: Es ist das Mittel schlechthin." (S. 265) Vielleicht lässt sich Simmels tiefes Versenken in einen aktuellen Gedanken als seine spezifische Art des Philosophierens bezeichnen, die ihn nicht nur zu simplen Widersprüchen, sondern auch zu dialektischer Sicht von Kehrseiten führt: „Die Objektivierung des Lebens auf Grund seiner Bestimmtheit durch das Geld ermöglicht es weiter, daß die Beziehungen der Menschen untereinander, so wirkungsvoll und weitgreifend sie seien, doch dem Individuum eine früher ungekannte Freiheit gestatten [...] Das subjektive Gefühl der Freiheit wird nun gerade durch die Thatsache getragen, daß der Mensch der ausgebildeten Geldwirtschaft von einer immer wachsenden Zahl von Personen abhängig wird [...] Mit dem modernen Kulturmenschen verglichen, war der Angehörige einer alten oder primitiven Kultur nur von einem Minimum von Menschen abhängig. Aber dieser enge Kreis war dafür viel mehr personal festgelegt [...] von wieviel ‚Lieferanten' allein ist dagegen der geldwirtschaftliche Mensch abhängig! Aber von dem einzelnen, bestimmten derselben ist er unvergleichlich unabhängiger und wechselt leicht und beliebig oft mit ihm." (S. 720 f.)[11] So sieht er: „Mit steigender Geldwirtschaft wird diese Geneigtheit immer stärker und ergreift immer mehr von denjenigen Objekten, welche garnicht zum Verkauf hergestellt sind, sondern den Charakter ruhenden Besitzes tragen und vielmehr bestimmt scheinen, die Persönlichkeit an sich zu knüpfen, als sich in raschem Wechsel von ihr zu lösen: Geschäfte und Betriebe, Kunstwerke und Sammlungen, Grundbesitz, Rechte und Positionen allerhand Art. Indem alles dies immer kürzere Zeit in einer Hand bleibt, die Persönlichkeit immer schneller und öfter aus der spezifischen Bedingtheit solchen Besitzes heraustritt, wird freilich ein außerordentliches Gesamtmaß von Freiheit verwirklicht [...]." (S. 554) Seine Bilanz ist: „[...] allein weil nur das Geld mit seiner Unbestimmtheit und inneren Direktionslosigkeit die nächste Seite dieser Befreiungsvorgänge ist, so bleiben sie bei der Tatsache der Entwurzelung stehen und leiten oft genug zu keinem neuen Wurzelschlagen über. Ja, indem jene Besitze bei sehr rapidem Geldverkehr überhaupt nicht mehr unter der Kategorie eines definitiven Lebensinhaltes angesehen werden, kommt es von vornherein nicht zu jener innerlichen Bindung, Verschmelzung, Hingabe, die der Persönlichkeit zwar eindeutig determinierende Grenzen, aber zugleich Halt und Inhalt gibt. So erklärt es sich, daß unsere Zeit, die, als ganze betrachtet, sicher mehr Freiheit besitzt als irgendeine frühere, dieser Freiheit doch so wenig froh wird." (S. 554 f.)[12]

---

[11] Marx fasst denselben Vorgang kritisch in einem Satz zusammen: „Die wechselseitige und allseitige Abhängigkeit der gegeneinander gleichgültigen Individuen bildet ihren gesellschaftlichen Zusammenhang." (Marx 1974 [1857/58], S. 74)

[12] „Dass unsere Zeit an der Freiheit so wenig froh wird", liegt vermutlich daran: Auf der einen Seite kann Geld Freiheit des Kaufs bedeuten – vorausgesetzt, man verfügt über genügend.

Es gibt kaum eine Abhandlung über Geld, die den Geldfunktionen nicht hervorragende Bedeutung einräumt; weitaus weniger wird der symbolischen Bedeutung von Geld[13] Aufmerksamkeit gewidmet, obwohl die Funktionen ausschließlich auf der Grundlage der Orientierungen der Handelnden an dem symbolischen Charakter von Geld sich nach und nach vermehrten. Doch auch die symbolischen Bedeutungen von Geld erweiterten sich im geschichtlichen Verlauf.[14] Georg Simmel spricht zwar in anderer Beziehung von „Geld als historisches Symbol" (1989 [1900], S. 20)[15], aber erst Talcott Parsons, US-amerikanischer Soziologe, widmet sich eingehender der Analyse zunächst der allgemeinen Bedeutung von Symbolen für seine systemische Handlungstheorie und dann den besonderen symbolischen Funktionen des Geldes: „ [...] *however, various elements of the situation come to have special ‚meanings‘ for ego as ‚signs‘ or ‚symbols‘ which become relevant to the organization of his expectation system. Especially where there is social interaction, signs and symbols acquire common meanings and serve as media of communication between actors. When symbolic systems which can mediate communication have emerged we may speak of the beginning of a ‚culture‘ which becomes part of the action systems of the relevant actors.*" (Parsons 1964, S. 5) Und spezifisch auf Geld bezogen sieht Parsons: „ [...] *money as a reward symbol* [...] " und „[...] *money is the means of purchasing valued items of the style of life, but conversely, the display of style of life items may be a way of telling the public that one has a large income – the case which Veblen called ‚conspicuous consumption‘.*" "*Such opportunities necessarily arise in a money economy.*"[16]„[...] *these symbolic significances of money income and earnings.*" „[...] *we have the symbolic place of money income in the reward system of the society,*

Auf der anderen Seite bedeutet genau dies, über Geld zu verfügen, den Zwang, über Geld verfügen können zu müssen, um die in extremer Arbeitsteilung entstandenen und angeboten Waren kaufen zu können. Das verlangt das Leben in der Geldgesellschaft.

[13] Das Wesen „gültigen Geldes liegt jedoch in seiner Abstraktheit, nämlich Symbol zu sein; Symbol einerseits eines Leistungsversprechens seitens der Geldemittenten, andererseits eines Leistungsanspruchs seitens der Geldbesitzer" (Kellermann 2002, S. 201 f.).

[14] Das Wort „Symbol" leitet sich vom griechischen *symbolon* ab, was so viel wie Übereinkunft heißt, die in einem Rechts- oder Handelsvertrag „symbolisch" vereinbart wird. Symbol bedeutet dann das Kennzeichen, auch im Sinn einer „Marke der Richter in Athen [...] gegen deren Vorzeigen der Sold ausbezahlt wurde" (Menge o. J., S. 538). Ein Zeichen verweist auf etwas anderes, kann aber auch als Anzeichen oder Ausdruck von etwas verstanden werden. Geld als Symbol steht für etwas anderes, bezieht sich auf etwas: auf Versprechen und Anspruch von Kaufbarem.

[15] „Für den absoluten Bewegungscharakter der Welt nun gibt es sicher kein deutlicheres Symbol als das Geld." (Simmel 1989 [1900], S. 714)

[16] Parsons spricht hier von „*money economy*", Simmel von „Geldwirtschaft" (z. B. 1989 [1900], S. 554). Da Geld weitaus mehr als nur wirtschaftliche Bedeutung hat und mehr oder weniger auch kulturell unabdingbar geworden ist, könnte man von der „Geldkultur" reden. Weil aber Geld im entfalteten Kapitalismus nahezu alle Sphären des Alltags und damit die

as a symbol of achievement and of success, and of course as a means of exercising power." (Parsons, 1964, S. 244 ff.) All diese von Parsons genannten symbolischen Bedeutungen von Geld verweisen auf Statusaspekte. Doch Geld als Statussymbol beruht auf einer tieferen symbolischen Bedeutung: Gewissermaßen „funktionelles", also materiell bezogenes Symbol ist Geld, wenn es für die Verpflichtung der Geldemittenten steht, im Tausch gegen das Symbol Leistungen verfügbar zu haben. Das heißt, Geld eines Systems ist letztlich real so viel wert wie die Leistungsfähigkeit dieses Systems.[17] Das galt objektiv (d. h. vom subjektiven Willen und Wissen unabhängig) für die Münzen der ehemaligen römischen Konsuln wie es heute für die Rubel, Dollar, Euro und die anderen modernen Währungen gilt.[18]

5.3   John Maynard Keynes (1883–1946) und Milton Friedman (1912–2006)

Aufgrund der leidvollen Erfahrungen in der so genannten Weltwirtschaftskrise in den 1920er und 1930er Jahren, die nach dem Ersten Weltkrieg anfangs Inflationen, dann Unternehmenszusammenbrüche und schließlich Massenarbeitslosigkeit (genauer: Massenerwerbslosigkeit) brachte, sollte die Erholung durch staatliche Nachfrage nach Leistungen (insbesondere zur Stärkung der Infrastruktur) und entsprechende Ausgaben (*deficit spending*) initiiert werden, wofür John Maynard Keynes die Theorie (nach)lieferte. Sein theoretischer Ansatz war vor allem darauf gerichtet, das Problem der Sicherung allgemeiner Beschäftigung durch staatliche Investition

---

Interaktionen der Gesellschaftsmitglieder durchdringt, scheint der Begriff „Geldgesellschaft" treffender zu sein.

[17] „Das Symbol selbst enthält lediglich das Versprechen, es wieder in Leistungen eintauschen zu können. Die Grundlage für das Funktionieren des Tauschs von Leistungen über Geld ist Vertrauen auf die Tauschfähigkeit des Symbols." (Kellermann 1991, S. 42) „Geld ist allgemein und zunächst ein vergegenständlichtes, in der Regel schriftlich gegebenes Versprechen von Leistung. Es ist selbst keine Leistung, symbolisiert lediglich den Anspruch auf Leistung; insofern stellt es ‚Kaufkraft' dar. Voraussetzung für die Symbolisierung von Leistung in Form des Versprechens und des Anspruchs ist, daß zumindest zwei Parteien – nämlich Geber und Nehmer von Geld –, in der Regel jedoch ganze Personengruppen oder soziale Systeme Versprechen und Anspruch akzeptieren. Versprechen und Anspruch bedeuten für den Geldgeber die Anerkenntnis, Leistung schuldig zu sein; für den Geldnehmer, auf die Leistungsfähigkeit und Leistungsbereitschaft des Geldgebers zu vertrauen. Geld unterliegt somit immer ein kollektives Vertrauensverhältnis." (S. 99)

[18] Privat erzeugtes elektronisches Geld (z.B. "Bitcoins") sind durch nichts als den bloßen Glauben gedeckt, dafür Leistungen des allgemeinen Wirtschaftssystems tauschen zu können. Die Erzeuger können sich dadurch gegebenenfalls die materiellen/realen Arbeitsleistungen anderer gegen ihre virtuelle Leistung aneignen. Und da solche Bitcoins gehandelt werden, können die Erstbesitzer bei steigenden Kursen hohe Gewinne und beim Kollaps die Letztbesitzer totale Verluste wie in einem Pyramidenspiel machen.

in Infrastrukturmaßnahmen zu lösen. War die „Vollbeschäftigung" gesunken, sollte der Staat entsprechend mehr ausgeben.

In den beiden folgenden Zitaten kommt Keynes Auffassung zu Nachfrageausfall, staatlichem Eingriff und individueller Freiheit klar zum Ausdruck: „Während daher die Ausdehnung der Aufgaben der Regierung, welche die Ausgleichung des Hangs zum Verbrauch und der Veranlassung zur Investition mit sich bringt [...] einem zeitgenössischen amerikanischen Finanzmann als ein schrecklicher Eingriff in die persönliche Freiheit erscheinen würde, verteidige ich sie [...] Denn wenn die wirksame Nachfrage unzulänglich ist, ist nicht nur der öffentliche Skandal unbenützter Hilfsquellen unerträglich, sondern arbeitet auch der einzelne Unternehmer, der versucht, diese Hilfsquellen in Tätigkeit zu setzen, mit zu vielen Punkten gegen sich [...] Die autoritären Staatssysteme von heute scheinen das Problem der Arbeitslosigkeit auf Kosten der Leistungsfähigkeit und der Freiheit zu lösen [...] Durch eine richtige Analyse des Problems sollte es aber möglich sein, die Krankheit zu heilen und gleichzeitig Leistungsfähigkeit und Freiheit zu bewahren." (Keynes 1955 [1936], S. 321)

Unter Beachtung des enormen wirtschaftspolitischen Einflusses, den Keynes Theorie besonders nach dem Zweiten Weltkrieg in Europa hatte, ist Keynes Hinweis bemerkenswert, dass sein Buch sich in erster Linie an die Fachgenossen richte: „ [...] sein Hauptzweck ist die Behandlung schwieriger theoretischer Fragen und nur in zweiter Linie die Anwendung dieser Theorie auf die Wirklichkeit" (S. V). Vielleicht ist von daher verständlich, dass verantwortliche Politiker nicht imstande waren, Keynes Lehre richtig anzuwenden, denn sie ist makroökonomisch eine „Theorie der Produktion als Ganzes" (S. IX), während die immer deutlicher sich durchsetzende öffentliche Sichtweise mikroökonomisch ist. Man kann auch sagen, betriebs- statt volkswirtschaftlich, oder individualistisch statt auf das Kollektiv als Ganzes gerichtet; die Allgemeinwohlorientierung sollte freilich für Regierungen eigentlich verpflichtend sein.[19]

---

[19] „Aus Sicht des Gesamtsystems, in dem es darum geht, die Vermittlung von angebotenen und nachgefragten Gütern und Diensten – also von Arbeit und Bedarf – zu leisten, entsteht die Organisations- oder *Systemperspektive* auf Geld: Es ist zwar auch Tauschmittel, aber an diesem ist die Tauschfähigkeit nur Substrat oder Voraussetzung wie Gebrauchswert Voraussetzung von Tauschwert ist; die Tauschfunktion ist aus dem Interesse zur Organisation von sekundärer Bedeutung. Geld wird nicht primär deshalb eingesetzt, um Gebrauchswerte zu erhalten (Privatperspektive) oder um das Vermögen zu vergrößern (Unternehmensperspektive), sondern um das System von Bedarf und Versorgung zu organisieren." (Kellermann 1994, S. 103 f.) – Illustrieren lässt sich dies als Kritik wohl am überzeugendsten mit dem Hinweis auf die in den meisten europäischen Staaten zu Beginn des 21. Jahrhunderts grassierende Sparhysterie: Einzusparende Ausgaben zu streichen erhöht die Effizienz eines Unternehmens, das auf Geldgewinn zur Sicherung seiner Existenz angewiesen ist. Dass dadurch

Sowohl in der Phase der falsch verstandenen Theorie von Keynes in den Jahrzehnten nach dem Zweiten Weltkrieg als auch während der nachfolgenden Phase der „Sparhysterie" wurde der Zusammenhang missachtet, auf dem Keynes beharrte: „Die zentralen Leitungen, die für die Sicherung von Vollbeschäftigung erforderlich sind, bringen natürlich eine große Ausdehnung der überlieferten Aufgaben der Regierung mit sich [...] Aber es wird immer noch ein weites Feld für die Ausübung der privaten Initiative und Verantwortung verbleiben [...] Vor allem aber ist der Individualismus, wenn er von seinen Mängeln und Mißbräuchen gereinigt werden kann, die beste Gewähr der persönlichen Freiheit, in dem Sinne, daß er im Vergleich zu anderen Systemen das Feld für die Ausübung der persönlichen Auswahl stark erweitert." (S. 320)[20]

Im Ziel, gesamtwirtschaftlich zu steuern, waren Keynes und Friedman wohl einig, aber Friedman sah die bessere Steuerung in der staatlichen Geld- statt in der Ausgabenpolitik. Friedman kritisierte direktes staatliches Eingreifen in den Wirtschaftsprozess und empfahl, diesen durch Geldmengen- und Zinspolitik zu steuern. Er vertraute weder dem Staat noch den Regierungen; sein Instrument zur Sicherung und Steigerung der wirtschaftlichen Entwicklung war Geldpolitik. Friedman zitiert zunächst noch Keynes zustimmend: „Zur Zerstörung der Grundlagen der Gesellschaft gibt es keine subtilere, keine sicherere Möglichkeit, als die Währung zu zerstören." (Keynes 1920, zit. n. Friedman 1992, S. 195) Den Grund für diese Zerstörungen sieht er in der Einführung des Papiergelds, das den Staaten ermöglichte, mit Hilfe der Druckerpresse „Hyperinflationen" auszulösen: „So lange es Geld ausschließlich in Form von Münzen gab (ob aus Gold, Silber, Kupfer, Eisen oder Zinn), entstand eine Inflation aus Neuentdeckungen von Metallvorkommen oder durch technische Neuerungen [...] oder wurden durch eine Minderung des Metallwerts der Münzen herbeigeführt [...] Inflationen der Höhe, an die wir uns mittlerweile gewöhnt haben, und erst recht Hyperinflationen wurden *erst durch die Weiterverbreitung von Papiergeld* möglich." (Friedman 1992, S. 195 f., Hervorh. im Orig.) Unglaubliche politische Folgen von Geldentwertungen nennt Friedman in wenigen Sätzen: „ Die Hyperinflationen in Russland und Deutschland nach dem Ersten Weltkrieg schufen die Grundlage für den Kommunismus in dem einen und

---

Einnahmen für andere ausfallen, kann für Betriebe kein primärer Gesichtspunkt sein; für die volkswirtschaftlich Verantwortlichen muss er es hingegen sein. In diesem Sinn ist Keynes davon überzeugt, „daß das Maß wirksamer Ersparnis notwendigerweise von der Skala der Investition bestimmt wird [...]" (Keynes 1955 [1936], S. 316).

[20] „Von der Notwendigkeit zentraler Leitung für die Herbeiführung eines Ausgleichs zwischen dem Hang zum Verbrauch und der Veranlassung zur Investition abgesehen, besteht somit nicht mehr Grund für die Verstaatlichung des wirtschaftlichen Lebens als zuvor." (Keynes 1955 [1936], S. 319 f.)

den Nationalsozialismus in dem anderen Land. Die Inflation in Brasilien, die im Jahr 1954 einen Jahresdurchschnitt von 100 % erreichte, brachte eine Militärregierung an die Macht. Eine erheblich schlimmere Inflation trug 1973 zum Sturz von Salvador Allende in Chile und 1976 von Isabel Perón in Argentinien bei." (S. 197)

Während Keynes seine Aufmerksamkeit vor allem auf die Folgen des Geldgebrauchs für die Beschäftigung (gesellschaftliche Organisation von Erwerbsarbeit) richtete, sieht Friedman in der „Hyperinflation" von Währungen – also in staatlicher Ausgabenpolitik – den Hauptgrund für große wirtschaftliche und damit gesellschaftliche Krisen. Friedmans Interesse richtet sich folglich auf die Beantwortung der Fragen: „Warum steigern die Regierungen die Geldmengen zu rasch? Warum führen sie Inflationen herbei, obwohl sie wissen, wie viel Schaden sie anrichten können?" (S. 198) Für Friedman ist klar: „Bei einer schweren Inflation ist die Geldmenge die Ursache [...] und der Preisanstieg die Wirkung." (S. 208) Aus dieser Erkenntnis entwickelt Friedman, was „Monetarismus" genannt wird – die Lenkung der Wirtschaft durch Geldpolitik. Ausdrücklich weist Friedman die häufig gehörten Behauptungen zurück, dass Gewerkschaften durch höhere Lohnforderungen oder Unternehmen infolge der Habgier ihrer Manager oder andere Ereignisse Inflation verursachen (vgl. S. 208 f.): „*Geld ist der zentrale Faktor.*" (S. 209, Hervorh. im Orig.) „Inflationen sind vor allem ein *monetäres Phänomen*, das entsteht, *wenn die Geldmenge schneller wächst als der Output.*" (S. 210, Hervorh. im Orig.) Die Begründung ist, „daß staatliche Organe – und nur sie allein – übermäßiges Geldmengenwachstum auslösen und damit eine Inflation herbeiführen können" (S. 211). Er identifiziert drei Ursachen, durch die das „*Phänomen der Notenpresse*" (S. 198, Hervorh. im Orig.) entsteht: „ [...] erstens durch das rasche Anwachsen der Staatsausgaben, zweitens die staatliche Vollbeschäftigungspolitik und drittens durch eine fehlgeleitete Politik des Federal Reserve System [sic]." (S. 211) Alle drei Ursachen verweisen nach Friedman auf staatlich zu verantwortende politische Handlungen.

So sehr Friedman Keynes in der Ansicht zustimmte, dass „Zerstörung der Währung" zur „Zerstörung der gesellschaftlichen Grundlagen" führe, so sehr setzt er sich hinsichtlich der Beschäftigungspolitik von Keynes ab; sein Gewährsmann ist der britische Premierminister von 1976, James Callaghan: „ ‚Wir glaubten immer, uns durch Steuersenkungen und Erhöhung der Staatsausgaben einen Weg aus der Rezession zu bahnen und die Beschäftigung fördern zu können. Ich sage Ihnen in aller Offenheit, daß wir diese Möglichkeit nicht mehr haben und daß sie, soweit es sie je gab, nur dadurch funktionierte, daß der Wirtschaft immer größere Inflationsspritzen verpaßt wurden, denen als nächster Schritt weiter wachsende Arbeitslosigkeit folgte.‘ " (S. 214) Für Friedman gilt folglich: Für die „Therapie der Inflation" „ ... ist *eine Bremsung der Geldmengenausweitung die eine und einzige Lösung ...*" (S. 219, Hervorh. im Orig.) Das Problem liege aber nicht darin, heraus zu finden, was zu tun ist, sondern „den politischen Willen für die notwendigen Maßnahmen aufzubringen" (ebd.). Mit der metaphorischen Gleichsetzung von Alkoholismus und Inflation baut Friedman der Kritik vor, der Monetarismus führe zur Verschlechterung der Situation: „Ein Alkoholiker, der zum Abstinenzler werden will, muß schwere Entzugsqualen durchstehen [...] Das Gleiche gilt für die Inflation. Eine Verlangsamung des Geldmengenwachstums ist anfangs mit schmerzhaften Begleiterscheinungen verbunden: einem Rückgang des Wirtschaftswachstums und einem vorübergehenden Anstieg der Arbeitslosigkeit [...] Der Nutzen dieser Maßnahmen wird erst nach ein oder zwei Jahren deutlich: eine geringere Inflation, eine gesündere Volkswirtschaft und die Voraussetzungen zu einem raschen nichtinflationären Wirtschaftswachstum." (S. 220 f.)

Friedman läuft Gefahr, seine ursprüngliche Einsicht zu vergessen, dass die Zunahme der Produktivität eine Ausweitung der Geldmenge erfordert, um Nachfrage zu ermöglichen.[21] Er beschränkt sich auf die monetaristische Sicht: „All diese Anpassungsmechanismen werden durch *Veränderungen* in der Expansionsrate der Geldmenge und in der Inflationsrate in Gang gesetzt." (S. 227, Hervorh. im Orig.) Ja, er dreht das Verhältnis von volkswirtschaftlicher Gesamtleistung und Geldmengenpolitik um: „Wäre die Geldmengenausweitung hoch und gleichmäßig, so daß die Preise jährlich um beispielsweise 10 % stiegen, würde sich die Wirtschaft entsprechend anpassen." (S. 227 f.) Dieser Sichtweise folgten nach und nach die Regierungen Westeuropas bis in die jüngste Zeit auch in der ihnen verbliebenen Finanzpolitik. Daraus entwickelten sich jedoch zunächst die staatliche Verschuldung und in der Krise die Sparhysterie, der die Unternehmen („Abbau von Arbeitsplätzen") folgten, was nebenbei die Umorientierung der Aktiengesellschaften von der Herstellung gebrauchswerter Produkte zur „Pflege" des *shareholder value* (Wert für Aktienbesitzer) legitimierte. Überdies begannen Betriebe und andere Organisationen, mit Finanzwerten zu spekulieren. Damit einher ging die allgemein höhere Wertschätzung von Geld gegenüber den realen Wirtschaftsleistungen, die doch letztlich allein den Geldwert sichern können: Vom wirtschaftspolitisch einfluss-

---

[21] „Würde die Menge an Gütern und Dienstleistungen, die man kaufen kann, das heißt der Output, so schnell steigen wie die Geldmenge, blieben die Preise im Prinzip stabil." (Friedman 1992, S. 199) Allerdings übersieht er den unterschiedlichen Bedarf und die sehr verschiedene Verfügbarkeit von Geld (Kaufkraft), die nur beide zusammen die Nachfrage nach dem „output" bestimmen und damit – nach traditioneller Lehre – den Preis. (Das heißt Teuerung oder das Gegenteil, zumeist undifferenziert als Inflation bzw. Deflation bezeichnet: *Inflation* ist die Ausweitung der Geldmenge, der bei gleichbleibendem Warenangebot ein Preisanstieg – die *Teuerung* – folgt. *Deflation*, wörtlich verstanden, bedeutet eine Verringerung der Geldmenge bei Abwertungen von Währungen. Mit Deflation gemeint wird aber meist ein Sinken der Preise bei sinkender Nachfrage.)

reichen Monetarismus zum gesellschaftlich gläubig aufgenommenen allgemeinen Moneyismus.

So konkurrierten die beiden wirtschaftspolitischen Schulen, die durch Keynes und Friedman repräsentiert werden, im halben Jahrhundert nach dem Zweiten Weltkrieg. Dabei ergab sich mit konjunkturellen Hochs und Tiefs doch – allerdings hauptsächlich nur in den industriell fortgeschritteneren Ländern – eine deutliche Wohlstandssteigerung, die als „Wirtschaftswachstum" (üblicherweise gemessen am Bruttoinlandsprodukt, BIP[22]) zum statistischen Ländervergleich in Geldeinheiten der „Weltwährung" US-Dollar gemessen wurde. Zu beobachten waren dabei zwei sehr bedeutsame wirtschaftspolitische Beschränkungen: Die einzelnen Regierungen innerhalb währungspolitischer Zusammenschlüsse größeren Typs – etwa die einzelnen Staaten der USA und die einzelnen „Euroländer" der Europäischen Union – verloren zugunsten einer Zentralbank ihre zuvor autonome Geldpolitik und mussten sich auf Finanzpolitik (Steuern und Gebühren) beschränken. Und die Zentralbanken – besonders deutlich die Europäische Zentralbank in Frankfurt – reduzierten ihre Geldpolitik auf die Verhinderung von Inflation (i.S. von Teuerung), verzichteten also auf eine allgemeine Förderung der Wirtschaftsentwicklung. Diese sollte sich „durch das freie Spiel der Kräfte auf dem globalen Markt" ergeben. Märkte wurden anscheinend als übermenschliche Wesen gesehen, wo sie sich doch in Wahrheit aus den vernünftigen und unvernünftigen, den bewussten und unbewussten, den kalkulierten und den gefühlsmäßigen Handlungen von informierten und uninformierten Menschen ergeben. Auf Märkte zu vertrauen ist gleichbedeutend mit dem Verzicht auf rationale Wirtschaftspolitik im Interesse der Allgemeinheit. Rationale Wirtschaftspolitik würde darin bestehen, die jeweiligen Verhältnisse von Bedarf und Leistungsvermögen, von Bedürfnissen und Geldverfügbarkeit stetig gegeneinander auszutarieren, wobei Geldpolitik und Geldmengenpolitik als Werkzeuge zur Organisation des Wirtschaftssystems einzusetzen zweckmäßig wäre (s. Abschn. 7 unten).

---

[22] Das nominelle, nicht inflationsbereinigte Bruttoinlandsprodukt eines Jahres entspricht der Gesamtsumme der Bruttoausgaben der inländischen und ausländischen Endverbraucher in diesem Jahr für alle inländischen Leistungen zum Kaufpreis.

Die Große Finanzkrise nach dem Zusammenbruch einer „systemrelevanten" Investmentbank 2008 {#6}

6

In der Begriffswelt um Geld wechselte nach der Jahrtausendwende rasch die Bedeutung von „Investment": Es überwog nach und nach die Investition von Geld („Zahlungsmittel") in Finanzwerte („Geldware") anstelle von Investitionen in Produktionsmittel wie Maschinen oder auch in die Qualifikation des gegebenen Arbeitsvermögens. Je mehr sich diese gewandelte Bedeutung von Investition durchsetzte, desto mehr wurde in Geld als Ware investiert.[1] Das steigerte die Nachfrage nach diesen finanziellen Waren, weshalb zunächst die Preise stiegen und daraufhin das Angebot stetig ausgeweitet wurde. Die Ausweitung erfolgte in Weiterentwicklungen von traditionell gehandelten Finanzwerten wie Aktien; diese gelten als entsprechende Eigentumsanteile an Unternehmen, die reale Werte („Gebrauchswerte") schaffen. Unternehmensgewinne werden anteilig als Dividende an die *shareholder* ausgezahlt. Zur Vermehrung der Finanzware lassen sich mehrere Aktienbündel kreativ auf abstrakter Ebene zu einem Fonds zusammenfassen und seine Anteile, die kein Stimmrecht begründen, verkaufen. Die erhaltenen Dividenden für die Aktien des Fonds werden nach Abzug der Verwaltungskosten an die Käufer von Fondsanteilen weitergegeben. Die Geschäftstätigkeiten anderer Investmentfonds bestehen im Ankauf, Verkauf und Verwaltung von Immobilien und Hypotheken, im Abschluss von Termingeschäften und ähnlichen innovativen Geldgeschäften. Je nach Ertrag des Fonds steigen oder fallen die Ausschüttungen, wodurch sich – in diesem Fall nicht nur virtuell – Gewinne oder Verluste an Bedeutung (Attraktivität) des jeweiligen Fonds ergeben. Auf einer weiteren, noch abstrakteren Ebene lassen

---

[1] „Um das wegbrechende Geschäft der Industriefinanzierung zu kompensieren, waren insbesondere europäische Banken dazu gezwungen, sich neue Betätigungsfelder zu suchen. Neben das wenig lukrative Kleinkundengeschäft und die schlichte Kreditvergabe traten die Vorbereitung und Durchführung von Börsengängen sowie freundlichen oder feindlichen Übernahmen im Auftrage Dritter, die Erfindung und Vermarktung neuer Finanzmarktprodukte, die Auflage eigener Fonds und nicht zuletzt die aktive Beteiligung an der Finanzmarktspekulation – kurz, das Investmentbanking." (Paul 2012, S. 21)

P. Kellermann, *Soziologie des Geldes*, essentials,
DOI 10.1007/978-3-658-04757-3_6, © Springer Fachmedien Wiesbaden 2014

sich die potentiellen Ausschüttungen mehrerer Fonds wiederum in einem neuen Fonds – dem Dachfonds – bündeln und davon erneut Anteile verkaufen. Realisiert werden die häufig thesaurierten Gewinne erst bei Verkauf solchen digital-virtuellen Geldvermögens zum jeweiligen Kurswert, also bei der „Rückübersetzung" von Finanztiteln in das Zahlungsmittel Geld (für das dann konkrete Leistungen mit Gebrauchswert gekauft werden können). Die Risiken solcher Investmentfonds bestehen in Zahlungsunfähigkeit von Kreditnehmern, Inflation der zugrundeliegenden Währungen, in Marktschwankungen, der Kompetenz des Fondsmanagements und den tangierten Devisenkursen (Beike and Schlütz 1999, S. 680 ff.). Verfallen Investmentbanken den Risiken, brechen sie zusammen … es sei denn, andere Financiers – beispielsweise die involvierten Staaten oder Zentralbanken – sind bereit, die in Schwierigkeiten geratenen Banken „aufzufangen".

Dieses System des Investierens von Geld in Geldwaren geriet in Turbulenzen, nachdem in den USA solche Investments, die vor allem in Immobilien- bzw. Hypothekenfonds bestanden, in eine Vertrauenskrise gerieten. Infolge einer politischen Entscheidung, Kredite für Hausbau und damit auch dem Immobilienmarkt erleichtert zur Verfügung zu stellen, waren zuvor die Nachfrage und damit die Preise für Immobilien kontinuierlich gestiegen.[2] Es hatten sich die Erwartung und der Glaube durchgesetzt, aufgenommene Kredite ließen sich durch die stetige Wertsteigerung der Immobilien künftig problemlos zurückzahlen. Doch Erwartung und Glaube erwiesen sich als falsch, das Vertrauen schwand, die Kurse fielen, Kreditnehmer verloren die Sicherung ihrer Kredite, sollten neue (finanzielle) Sicherungen beibringen, was massenweise nicht möglich war: Die „Immobilienblase" platzte. Gleich den fallenden Dominosteinen folgten Krisen verschiedener Art bis hin zu den wirtschaftlichen Turbulenzen fast aller Kontinente, ja, bis zu einer globalen Wirtschaftskrise.

---

[2] „Es blieb indes nicht dabei, dass internationales Kapital über diverse Zwischenglieder an amerikanische Hauskäufer weitergeleitet wurde. Vielmehr entwickelte das Verbriefungsgeschäft eine Eigendynamik, die weit über den Bedarf an Kredit hinausging. So wurden Dachfonds kreiert, *mortgage backed securities* (MBSs) verschiedener Emittenten, u. U. angereichert mit Forderungen anderer Art wie z. B. Konsumentenkrediten oder Kreditkartenschulden, zu sogenannten *collateralized debt obligations* (CDOs) zusammengefasst. Zwar konnten die jeweiligen Emittenten ‚ihre' Papiere nicht als Sicherheit (*collateral*) verbuchen, wohl aber deren Käufer, was diese wiederum in die Lage versetzte, neue als Kredite getarnte Titel in den Markt zu drücken, die schon deshalb Abnahme fanden, weil die zuvor auf dem Finanzmarkt erzielten Gewinne irgendwie reinvestiert werden mussten. Das Kreditvolumen respektive die Summe der Geldsurrogate wuchs und wuchs. Aufgebaut wurde eine gigantische Kreditblase." (Paul 2012, S. 28)

Erwartungen,[3] Glaube und Vertrauen sind Handlungsorientierungen; geraten sie in Zweifel, ändern sich die Handlungsorientierungen und führen zu entsprechend verändertem Verhalten. Diese entscheidende Wende (altgriech. „Krisis") begann in einem sich rasch beschleunigenden Prozess 2008: Am 15. September jenes Jahres musste die Investmentbank „*Lehman Brothers*" Insolvenz anmelden und es fanden sich keine Financiers, die die Bank auffingen. Die Folgen waren weitere Zusammenbrüche von Banken und Unternehmen, die mit *Lehman Brothers* Geschäftsbeziehungen unterhielten, sowie ernsthafte Finanzierungsprobleme von öffentlichen und privaten Haushalten; daraus entstanden weitere Probleme, Insolvenzen und Not, die der „Weltwirtschaftskatastrophe" 85 Jahre zuvor ähnelten.

Im Bemühen, die der Vertrauenskrise folgenden Banken-, Staatsschulden- und Wirtschaftskrisen einzudämmen, wurde eine wirtschaftspolitische Doktrin wiederbelebt, die mit dem Begriff „Austerity Policy" bezeichnet und als Gegensatz zum „Keynesianismus" verstanden wird: Schulden der öffentlichen Haushalte (die sich durch finanzielle Stützungen systemrelevanter, in Schwierigkeiten geratener Banken stark erhöhten) sollten durch striktes „Sparen"[4] „abgebaut" werden. Es folgten steigende Erwerbslosigkeit, politische Demonstrationen verschiedener Art und zunehmende Verarmung weiter Bevölkerungskreise. Das Resultat war stark rückläufiges Wirtschaftswachstum (gemessen am BIP).

Dass auf diese Weise die Schulden der Investmentbanken gegenüber ihren Gläubigern (andere Banken, große Unternehmen mit Investmentabteilungen, Pensionskassen und anderen Institutionen) nicht getilgt werden konnten und das Vertrauen in Geld völlig zu schwinden drohte, war den Regierungen, dem Internationalen Währungsfonds und den Zentralbanken bewusst. Um den völligen Zusammenbruch des weltweiten Geldsystems zu verhindern, stellten vor allem der Internationale Währungsfonds, die Federal Reserve Bank der USA und die Europäische Zentralbank, die die (legale) Macht der vor allem digital-virtuellen (also nicht durch konkrete Wirtschaftsleistungen gedeckten) Geldausweitung besitzen, zuvor ungebräuchlich hohe Geldmengen zu niedrigsten Zinssätzen sowohl den Geschäftsbanken direkt und den Staatsregierungen indirekt durch Anleihekauf zur Verfügung. Die Haupteffekte waren, dass verschuldete Staaten sich weiter verschuldeten, fällige Kredite zurückgezahlt wurden und das zurückerhaltene Geld großteils wieder in Geldware investiert wurde, wodurch die Nachfrage nach Finanzwerten und damit

---

[3] „Nicht die Gewinne entscheiden – sondern die Gewinnerwartungen" (Kropfberger 2007, S. 94).

[4] In Wahrheit ging es um Kürzungen von Ausgaben, aber nicht um das Zurücklegen von Geld für spätere Aktionen. „Bei nicht gestilltem Bedarf und unausgelasteten Produktionsfaktoren bewirkt Geldverknappung einen Rückgang des Wirtschaftswachstums." (Kellermann 2002, S. 207)

deren Kurse stiegen. Investitionen in die sogenannte Realwirtschaft, also in Produktionsmittel bzw. Unternehmen, blieben vergleichsweise schwach. Die Unausgeglichenheit von Finanzvermögen und konkret verfügbaren Wirtschaftsleistungen vergrößerte sich. In dieser Situation änderten sich die Handlungsorientierungen Vertrauen und Glauben an Geld teilweise und damit änderten sich die Handlungen vieler Beteiligter: Vermehrt wurde Geldvermögen in Sachwerten – hauptsächlich in Immobilien mit realem Gebrauchswert – angelegt, aber auch in das sicher erscheinende Gold.

Abschließend wird der Versuch unternommen, die Etablierung von Geldvorstellungen – die Institutionalisierung des Geldglaubens – im System der zeithistorischen Handlungsorientierungen in der Gesellschaftsform des Globalen Konkurrenzkapitalismus aufzuweisen.

Geld im globalen Konkurrenzkapitalismus (Folgerungen)

Wenn wir von der „Kritischen Handlungstheorie" ausgehen, bestimmen unter den gegebenen Umständen (vor allem ist das die gegebene Machtstruktur) die Orientierungen das Handeln. Solche Handlungsorientierungen sind gelernte und sich verändernde Anschauungen, aber auch kulturell übernommene Bedeutungen von Wörtern und vor allem Glauben.

Das Gemeinsame an Glauben und Überzeugungen über Gott und Geld, Ideologien und Religion, Weltbildern und Stereotypen ist vor allem die unbezweifelte Annahme, Bescheid zu wissen. Erst der Zweifel, wie ihn René Descartes (1596–1650) zu Beginn der Aufklärung beschrieb, die nach der Scholastik von der Kirche nicht mehr als „Todsünde" gebrandmarkte Neugierde („Gier nach Neuem") sowie die gesellschaftliche Etablierung von Kritik wurden zu wesentlichen Prinzipien der Entwicklung von Wissenschaft und Gesellschaft; sie lassen scheinbare Selbstverständlichkeiten durchdenken und entsprechend handeln. In Umkehrung der bekannten Formel zum Zusammenhang von Glauben und Wissen („Glauben heißt nicht wissen") ließ sich sagen „Wer weiß, muss nicht glauben". Etwas für selbstverständlich zu halten bedeutet zumindest verkürztes, wenn nicht falsches Denken. Unangemessenes Erfassen von Verhältnissen und Vorgängen kann nur zufällig angemessenes Verhalten bewirken – systematisch kommt es eher zu falschen Handlungen. Dies soll am Geldglauben als einer in der zeitgenössischen Geldgesellschaft folgenreichsten Handlungsorientierung[1] in einem Beispiel (durchaus provokativ) verdeutlicht werden.

---

[1] Zur Erklärung des Entstehens der weltweiten Finanzkrise ab 2008 nimmt Axel T. Paul an, „dass Finanzdienstleiter, Ratingagenturen, Investoren und nicht zuletzt die Finanzaufsichtsbehörden ein und demselben Optimismus, ein und demselben Glauben an die Handelbarkeit und Handhabbarkeit von neuartigen Kreditrisiken erlegen sind" (Paul 2012, S. 13). Zumindest was die Ratingagenturen angeht, könnte diese Annahme auch relativiert werden, denn diese profitieren aufgrund ihres Geschäftsmodells vom wachsenden Volumen der mit einem rating zu versehenden Geldgeschäfte.

P. Kellermann, *Soziologie des Geldes*, essentials,
DOI 10.1007/978-3-658-04757-3_7, © Springer Fachmedien Wiesbaden 2014

Menschen haben Bedürfnisse, solange sie leben. Menschen haben aber auch, soweit sie nicht hilfsbedürftig sind, die Fähigkeit, in Auseinandersetzung mit ihrer sozialen und natürlichen Umwelt etwas zu schaffen, was ihre Bedürfnisse stillt. Diese sozialanthropologische Entsprechung von Bedarf und Arbeitsvermögen wird durch die Geldgläubigkeit zerteilt: Den über 900 Millionen (2013) Menschen, die sich unzureichend ernähren können und Not leiden, wird von den zuständigen Organisationen und Banken gesagt, „Wir haben kein Geld, um Eure Bedürfnisse zu stillen", und zu den Arbeitsfähigen unter diesen Menschen wird nahezu gleichzeitig gesagt, „Wir haben kein Geld, um Euch zu beschäftigen". [2] Auf diese Weise sind Abermillionen erwerbslos und es wird durch sie nichts geschaffen, was durch das ungenutzte Arbeitsvermögen zur Bedarfsdeckung entstehen und so die zur Organisation der Produktionsvermögen erforderlichen Geldmittel decken könnte (vgl. Kellermann 2002, S. 202).

Diese Geldgläubigkeit, der Moneyismus, verkennt einen der hervorragendsten und wertvollsten Aspekte von Geld, nämlich Werkzeug zur gesellschaftlichen Organisation der gesellschaftlich erforderlichen Arbeit sein zu können. Die Erklärung für dieses Manko ist, dass Geld in diesem Denken nicht als Mittel, sondern als Zweck der Bemühungen angesehen wird. Noch extremer ist die moneyistische Behauptung, Geld komme eigene Aktivität zu („Lass Dein Geld für Dich arbeiten!"), Geld tue also etwas: „Je abstrakter das Geld, desto mehr denkt das Geld anstelle des Tauschsubjekts. Es handelt aus ihm heraus, das Subjekt durchaus in der Illusion belassend, noch in vollem Bewusstsein handeln zu können." (Haesler 2002, S. 181) Die Überzeugung, Geld handle aus sich heraus,[3] geht aus mindestens zwei verschiedenartigen Entwicklungen hervor: Aus der zur Tradition gewordenen Vereinfachung, Wirtschaftsleistungen in Einheiten von Geld zu erfassen; schon für Francois Quesnay (1694–1774) scheint das im 18. Jahrhundert Gewohnheit gewesen zu sein.[4] Die zweite Entwicklung ist psychologisch zu deuten. Das, was

---

[2] „It is said to the same people ‚We have no money to appease your hunger' and ‚We have no money so you cannot work'. This myth of the ultimity of money divorced the unity of having emerging human needs from the capacity to simultaneously satisfy those needs." (Kellermann 1990, S. 19)

[3] „Fast 250 Jahre nach der französischen Aufklärung verfallen Millionen und Abermillionen Menschen dem Wahn, von Menschen geschaffene Symbole für eigenständig existent zu halten." (Kellermann 1994, S. 105).

[4] Francois Quesnay, Mitbegründer der physiokratischen Schule („Nur die Natur ist produktiv") und Arzt, veröffentlichte bereits 1758 sein „Tableau économique" (Zimmerman 1961, S. 44). Es handelt sich dabei nicht um eine Übersicht wirtschaftlicher Abläufe, sondern um einen statischen Kreislauf von Geld: Die produktive Klasse (Bauern) verausgabe von ihren fünf Milliarden Franc Reingewinn zwei Milliarden Franc an die besitzende Klasse (feudale Grundherren), eine Milliarde Franc an die unfruchtbare Klasse (Kaufleute) und zwei Milliarden Franc an die Angehörigen der eigenen Klasse, so dass wieder fünf Milliarden Franc zur

Menschen mit Geld erreichen können, wird abstrakt auf Geld projiziert: Weil jede beliebige Person durch Geldbesitz unspezifisch kaufmächtig ist, wird von der mit Geld handelnden spezifischen Person abgesehen und Geld als handelndes Subjekt personalisiert. Dies erzeugt die Projektion von Macht auf Geld.

Keine der verschiedenen Analysen von Funktionen und Wirkungen des Geldes erklärt zureichend, warum Geld heute so vielgestaltig und vielfältig „funktioniert", warum Geld als mächtig angesehen wird. Dazu lässt sich soziologisch angeben: Geld funktioniert, weil Menschen bereit sind, ihre Arbeitsprodukte, Dienstleistungen und Besitztümer gegen das Geld herzugeben („Handeln"), von dem sie überzeugt sind („Handlungsorientierung"), es umgekehrt gegen von ihnen gewünschte Leistungen tauschen zu können.

Die Frage zu beantworten, warum Menschen vom Geld überzeugt sind und sich in ihren Handlungen an ihren Vorstellungen über Geld orientieren, bedarf verschiedener Erklärungen. Eine erste ist, dass die Menschen moderner Gesellschaften gewohnt sind, Geld als Zahlungsmittel zu akzeptieren. Das gilt trotz möglicher negativer Erfahrungen von Geldbetrug, Geldentwertung und Geldumstellung. Doch der Glaube an Geld wird nicht nur gestützt durch die im Allgemeinen zu machende positive Erfahrung, gegen Geld Waren zu erhalten; in einer Gesellschaft, die ihre Leistungen immer ausgedehnter über Geld tauscht – dies nennt Gerd Nollmann (2007) die „neue Landnahme des Geldes" –, ist es überdies nahezu unmöglich, den Geldgebrauch zu verweigern. Die Verwendung von Geld hat sich gesellschaftlich institutionalisiert und wurde von den jeweils handelnden Menschen internalisiert. Ein Grund dafür ist die Praktikabilität von Geld:[5] Es ist leicht übertragbar, es lässt Werte leicht gegenrechnen, es erlaubt, sich leicht bei Kauf und Verkauf zu orientieren. Kurz: Mit ihm können komplexe Vorgänge und Verhältnisse vereinfacht behandelt werden, was allerdings Konsequenzen hat, wenn dadurch im unreflektierten Geldhandeln die grundlegende Voraussetzung für den Wert von Geld verdrängt wird: Auf Dauer kann der Wert von Geld als Zahlungsmittel nur erhalten bleiben und Geld damit funktionieren, wenn ihm Sachwerte entsprechen.[6] Und

---

erneuten zirkulären Verausgabung verfügbar seien. Abgesehen von dem Gesellschaftsbild, das Quesnay in seinem *tableau* ausdrückt, ist doch bemerkenswert, dass für ihn offenbar eine Unterscheidung nach dem realen Nutzen von Gütern und deren Preis unnötig ist – Geld ist zugleich Maß und Repräsentant des Gebrauchswerts. Nicht anders verhält es sich mit der Gleichsetzung von Wirtschaftswachstum und BIP.

[5] Wenn hier abstrakt von Geld die Rede ist, ist gültiges, bestimmtes, zeitlich und örtlich konkret als Zahlungsmittel verwendbares Geld gemeint. Also nicht etwa Denare als Geld des ehemaligen römischen Weltreichs oder Lire, Schilling, Franc, D-Mark, Tolar und andere frühere Währungen nach der Einführung des Euro in Ländern der Europäischen Union und in Montenegro.

[6] Anders verhält es sich mit Geld als Ware, deren Kurse mit Erwartungen zu deren künftigen Wert nominell steigen und fallen.

diese Sachwerte beruhen in erster Linie auf wirtschaftlichen Leistungen. Nochmals: Geld ist faktisch nichts anderes als ein Symbol in zweierlei Hinsicht – seitens der Geldemittenten[7] für die Verpflichtung, Leistungen anzubieten, seitens der Geldbesitzer für den entsprechenden Anspruch auf Leistung.

Von manchen Autoren wird behauptet, Geld werde akzeptiert, weil es gesetzliches Zahlungsmittel ist. Dass das nicht stimmen kann, zeigen alle historischen Währungsreformen, denn vor diesen war das ehemalige Geld gesetzliches Zahlungsmittel und dennoch zweifelten die Menschen am Geld, weil sie die gewünschten Sachwerte nur schwer oder gar nicht bekamen, also gaben sie auch ihre eigenen Sachwerte nicht gegen dieses Geld her.[8] Eine Folge einer solchen wirtschaftlichen Krise ist, dass einerseits weniger produziert wird, weil die eventuell schon vorhandenen Waren entsprechend weniger gekauft werden, dass andererseits auch die Menschen weniger bereit sind, ihre Arbeitskraft und Waren gegen jenes Geld zur Verfügung zu stellen. Das Resultat im Fall der „Weltwirtschaftskrise" ab Ende der 1920er Jahre war eine allgemeine Verarmung beziehungsweise eine länger andauernde Periode zur Wiederherstellung des vorhergehenden Wohlstandes. Wenn also die Reduktion der Komplexität durch Geld dazu führt, die reale Wertbasis von Geld in Form von konkreten Wirtschaftsleistungen nicht zu beachten, kann es allgemein zu ernsten Schwierigkeiten kommen.[9]

Kaum weniger signifikant ist eine irreführende und weltpolitisch folgenreiche Beschränkung des Geldverständnisses im Rahmen statistischer Ländervergleiche; dies soll an zwei Beispielen verdeutlicht werden. *„This year China will for the first time spend more on research and development (R&D) than Japan and so become the*

---

[7] Als die entscheidenden Geldemittenten werden hier die Zentralbanken als Repräsentanten ihres Währungs- und Wirtschaftssystems verstanden: In Form ihres Geldes geben sie gleichsam allgemein verbindliche Gutscheine aus, die wie ein Joker für alle Geschäfte verwendbar sind.

[8] Sehr viele nicht legale (aber nicht in jedem Fall illegale) Geldarten führt Stefanos Tsivopoulos in seinem Katalog zum griechischen Pavillon auf der Kunstbiennale in Venedig 2013 auf; eine Auswahl: „Beer Money in Angola" in Form von Bierdosen der Marken Heineken oder Beck's Beer; „Bitcoins" als digitale Währung; „Cowrie Shell", also Meermuscheln; „English Trade Tokens" als Ergänzung zur legalen Währung oder „French Sol", eine Art von Schwundgeld für regionale Geschäftätigkeiten von solidarisch Freiwilligen und NGOs (Tsivopoulos 2013: S. 27 ff.).

[9] Eine parallele Situation besteht an den Börsen, wenn sich die Kurse der Aktien von dem realen Wert der in ihnen nur symbolisierten Sachleistungen allzu sehr entfernen, was sich in Kursschwankungen häufiger, in „Börsenkrächen" bisweilen bemerkbar macht. Hier intervenieren vordergründig in erster Linie die Erwartungen der „Börsianer" auf Steigen oder Fallen der Kurse bzw. in jüngerer Zeit der Hochfrequenzhandel, bei dem Computer entsprechend programmierter Punktwerte Finanzwaren selbst bei kleinsten Kursänderungen ohne Verzögerung (also fast gleichzeitig) an- oder verkaufen.

world's second highest investor in R&D after the US, according to OECD projections based on recent trends … China's spending on R&D as a percentage of GDP, known as R&D intensity, has more than doubled, from 0,6 % of GDP in 1995 to just over 1,2 % in 2004. The country will spend just over $136 billion on R&D in 2006, just over Japan's forecast $130 billion. The US is predicted to remain the world's leading investor in R&D in 2006, spending just over $330 billion. The EU-15 is predicted to spend just over $230 billion." (OECD 2006, S. 9) Zu welch unbefriedigender und inadäquater Information der überaus einflussreichen Organisation für wirtschaftliche Zusammenarbeit und Entwicklung (OECD) führen diese Aussagen von Geldausgaben für Forschung und Entwicklung! Aus diesen Angaben ist lediglich zu entnehmen, dass – verschiedene Währungen in US-Dollar umgerechnet, was selbst schon qualitative Unterschiede der Geldsysteme unterschlägt – in China die Ausgaben für Forschung und Entwicklung stiegen und damit die von Japan knapp übertrafen und dass die Europäische Union (damals 15 Länder) erheblich mehr, die USA etwa doppelt so viel aufwendeten. Nichts ist damit über die verschiedene absolute Basis der Geldausgaben, über Organisation und Qualifikation des entsprechenden Arbeitsvermögens („Humankapital"), nichts über deren Entwicklungsstand oder Bedeutung für die jeweilige Region und schon gar nichts über Effektivität und Effizienz – also von Mitteleinsatz und Erfolg – der Forschungen und Entwicklungen ausgesagt.

Ähnlich irreführend sind geldbezogene statistische Ländervergleiche, wie sie eine ebenfalls einflussreiche Organisation der „Vereinten Nationen" verbreitet: Ohne Berücksichtigung der tatsächlich doch qualitativ so unterschiedlichen Lebensverhältnisse etwa in Togo und in den Vereinigten Staaten von Amerika – dort noch weitgehend Subsistenzwirtschaft, hier die am weitesten entwickelte Geldgesellschaft –, werden Armut und Reichtum nur quantitativ in der Weltwährung US-Dollar (USD) angegeben: Das Bruttosozialprodukt in Kaufkraftparität pro Kopf habe Mitte 2013 für die 6,2 Millionen Bewohner des westafrikanischen Staats 920 USD betragen, für die 316,2 Millionen US-Amerikaner dagegen 50.610 USD (*Population Reference Bureau* 2013: S. 7 ff.). Diese völlige Abstraktion der realen sozio-ökonomischen Lebensverhältnisse in Geld wird inzwischen in den Köpfen der Gläubigen als konkret gegeben verstanden.

So praktisch die „Reduktion von Komplexität" durch Geld ist, so sehr reduziert Gelddenken (Moneyismus) auch die Perzeption der Vielfältigkeit von Prozessen und Zusammenhängen. Dass diese Simplifizierung, die ja das Handeln der beteiligten Menschen immer umfassender steuert, den komplexen Problemen nicht gerecht werden kann, sollte zumindest jedem unmittelbar betroffenen und nachdenklichen Menschen klar werden.

Literatur

Aristoteles. 1968 (~ 350 v. Chr). *Politik.* Reinbek bei Hamburg: Rowohlt.

Austin, Michel, und Pierre Vidal-Naquet. 1984. *Gesellschaft und Wirtschaft im alten Griechenland.* München: Beck'sche Verlagsbuchhandlung.

Bammé, Arno. 2005. *Fetisch ‚Geld‘.* In Kellermann (2005a): 9–81.

Bammé, Arno. 2007. *Vom Fetisch zum Simulakrum. Über den Begriff des Geldes in der Postmoderne.* In Kellermann (2007a): 185–201.

Beike, Rolf, und Johannes Schlütz. 1999. *Finanznachrichten lesen – verstehen – nutzen.* Stuttgart: Schäffer-Poeschel Verlag.

Blomert, Reinhard. 2007. *Firmenpiraten und Börsenspieler – Über die wachsende Macht der Finanzmärkte.* In Kellermann (2007a): 236–256.

Borneman, Ernest. 1977. *Psychoanalyse des Geldes.* Frankfurt a. M.: Suhrkamp Verlag.

Brunner, Otto. 1994. *Das ‚Ganze Haus‘ und die alteuropäische Ökonomik.* In *Ökonomie und Gesellschaft – Eine Sammlung von Studientexten,* Hrsg. Johann A. Schülein und Gerda Bohmann, 72–82. Wien: Springer.

Diehl, Karl und Paul Mombert. Hrsg. 1979; 1910. *Vom Gelde: Ausgewählte Lesestücke zum Studium der politischen Ökonomie.* Frankfurt a. M: Ullstein.

Durkheim, Emile. 1988; 1893. *Über soziale Arbeitsteilung.* Frankfurt a. M.: Suhrkamp Verlag.

Emunds, Bernhard und Wolf-Gero, Reichert, Hrsg. 2013. *Den Geldschleier lüften!.* Marburg: Metropolis-Verlag.

Everett, Susanne. 1998. *Die Geschichte der Sklaverei.* Augsburg: Weltbild Verlag.

Friedman, Milton. 1992. *Geld regiert die Welt: Neue Provokationen vom Vordenker der modernen Wirtschaftspolitik.* Düsseldorf: Econ Verlag.

Haesler, Aldo J. 2002. *Irreflexive Moderne. Die Folgen der Dematerialisierung des Geldes aus der Sicht einer tauschtheoretischen Soziologie.* In *Die gesellschaftliche Macht des Geldes,* Hrsg. Christoph Deutschmann, 177–200. Wiesbaden: Westdeutscher Verlag.

Hansen, Martin, Hrsg. 1990. Sociological Considerations. A Series of American Seminars. Cedar Falls: College of Social and Behavioural Sciences.

Heintel, Peter. 2007. *‚Geld ist Zeit‘.* In Kellermann (2007a): 127–138.

Hickel, Rudolf. 1979. *Die Lehre vom Geld – Neu betrachtet.* In Diehl und Mombert: VII–LX.

Kellermann, Paul. 1990. *Social division of labour and the myth about money.* In *Sociological considerations. A series of American seminars,* Hrsg. Martin Hansen, 19–23. Cedar Falls: College of Social and Behavioural Sciences.

P. Kellermann, *Soziologie des Geldes,* essentials,
DOI 10.1007/978-3-658-04757-3, © Springer Fachmedien Wiesbaden 2014

Kellermann, Paul. 1991. *Gesellschaftlich erforderliche Arbeit und Geld*. Klagenfurt: Kärntner Druck und Verlagsgesellschaft m.b.H.

Kellermann, Paul. 1994. *Bedürfnis, Arbeit, Geld und Paradigmata: Eine soziologische Collage über handlungsleitende Grundanschauungen in Wirtschaft und Gesellschaft*. In *Betrieb, Wirtschaft und Gesellschaft. Soziologische Lehrstücke, Botschaften und Polemiken*, Hrsg. Paul Kellermann und Gertraude Mikl-Horke, 87–117. Klagenfurt: Kärntner Druck- und Verlagsgesellschaft.

Kellermann, Paul. 2002. Soziologie und globale Herausforderungen. In *Kärntner Jahrbuch für Politik 2002*, Hrsg. Karl Anderwald, Peter Karpf und Hellwig Valentin, 189–212. Klagenfurt: Kärntner Druck- und Verlagsgesellschaft.

Kellermann, Paul, Hrsg. 2005a. *Geld und Gesellschaft. Interdisziplinäre Perspektiven*. Wiesbaden: Verlag für Sozialwissenschaften.

Kellermann, Paul. 2005b. *Geld ist kein ‚Mysterium' – Geld ist ‚Handlungsorientierung'*. In Kellermann (2005a): 115–138.

Kellermann, Paul, Hrsg. 2007a. *Die Geldgesellschaft und ihr Glaube. Ein interdisziplinärer Polylog*. Wiesbaden: Verlag für Sozialwissenschaften.

Kellermann, Paul. 2007b. *Moneyismus – Der Glaube an Geld als Alltagsreligion*. In Kellermann (2007b): 115–125.

Kellermann, Paul. 2009. *Von Midas zum Moneyismus*. In *Vom Nutzen der Schönheit*, Hrsg. Irmgard Bohunovsky-Bärnthaler, 84–97. Klagenfurt: Ritter Verlag.

Kellermann, Paul. 2013. *Soziologie des Geldes – Einsichten und Ansichten in Krisenjahren*. *Soziologische Revue (2013)*, Jahrgang 36. 407–417. München: R. Oldenbourg Verlag.

Keynes, John Maynard. 1955; 1936. *Allgemeine Theorie der Beschäftigung, des Zinses und des Geldes*. Berlin: Duncker & Humblot.

Kropfberger, Dietrich. 2007. *Das Streben der Manager nach Erfolg und Wachstum – Zwang oder Gier? Eine kritische Betrachtung der Folgen des Shareholder Value-Prinzips*. In Kellermann (2007a): 85–101.

Law, John. 1979; 1705. *Zur Papiergeldtheorie*. In Diehl und Mombert, 2. Bd.: 12–32.

Marx, Karl. 1953; 1837–1847. *Die Frühschriften*. Stuttgart: Alfred Kröner Verlag.

Marx, Karl. 1974; 1857/1858. *Grundrisse der Kritik der politischen Ökonomie*. Berlin: Dietz Verlag.

Marx, Karl. 1988; 1844. *Ökonomisch-philosophische Manuskripte*. Leipzig: Philipp Reclam jun.

Menge, Hermann. o. J./(1903). *Griechisch-deutsches Schulwörterbuch mit besonderer Berücksichtigung der Etymologie*. Berlin-Schöneberg: Langenscheidtsche Verlagsbuchhandlung.

Mikl-Horke, Gertraude. 1999. *Historische Soziologie der Wirtschaft. Wirtschaft und Wirtschaftsdenken in Geschichte und Gegenwart*. München: R. Oldenbourg Verlag.

Nollmann, Gerd. 2007. *Die neue Landnahme des Geldes. Wirtschaftswachstum, Beschäftigungsraten und Kommodifizierung von Familienarbeit in OECD-Ländern*. In Kellermann (2007a): 57–73.

OECD/Organisation for Economic Co-Operation and Development. 2006. *OECD Observer. No. 258/259, December 2006*. Paris: Press Group Holdings Europe SA.

Parsons, Talcott. 1964; 1951. *The social system: The major exposition of the author's conceptual scheme for the analysis of the dynamics of the social system*. New York: The Free Press of Glencoe.

Perrow, Charles. 1992; 1984. *Normale Katastrophen. Die unvermeidbaren Risiken der Großtechnik*. Frankfurt/New York: Campus Verlag.

Population Reference Bureau. 2013. *DSW-Datenreport 2013. Soziale und demographische Daten weltweit*. Hannover: Deutsche Stiftung Weltbevölkerung.

Rousseau, Jean-Jacques. 1977; 1751 ff. *Politische Schriften, Bd. 1*. Paderborn: Ferdinand Schöningh.

Riese, Hajo. 2013; 1995. *Geld: Das letzte Rätsel der National Ökonomie*. In Emunds und Reichert 125–142.

Simmel, Georg. 1989; 1900. *Philosophie des Geldes*. Frankfurt a. M.: Suhrkamp Verlag.

Smith, Adam. 1973; 1776. *Eine Untersuchung über Natur und Wesen des Volkswohlstandes. „Wealth of Nations"*. Giessen: Andreas Achenbach.

Tsivopoulos, Stefanos. 2013. *History Zero, 55th International Art Exhibition – La Biennale di Venezia: Helenic Republic, Ministry of Education and Religious Affairs, Culture and Sports*.

UNFPA, Bevölkerungsfonds der Vereinten Nationen. 2006. *Weltbevölkerungsbericht 2006. Der Weg der Hoffnung. Frauen und internationale Migration*. Stuttgart: Balance Verlag.

Weber, Max. 1922. *Gesammelte Aufsätze zur Religionssoziologie I*. Tübingen: J.C.B. Mohr.

Weimer, Wolfram. 1992. *Geschichte des Geldes*. Frankfurt a. M.: Insel Verlag.

Windolf, Paul. 2013. *Institutionelle Eigentümer im Finanzmarkt-Kapitalismus*. In Emunds und Reichert: 207–229.

Zimmerman, Louis Jacques. 1961. *Geschichte der theoretischen Volkswirtschaftslehre*. Köln: Bund-Verlag.